1%의 대한민국

열심히 사는데 왜 우린 행복하지 않을까?

1%의 대한민국

제1판 제1쇄 발행일 2008년 9월 18일
제8쇄 발행일 2014년 1월 11일

글쓴이 | 한홍구, 강수돌, 김진숙, 이철기, 배경내, 윤구병
기획 | 월간 〈작은책〉, 책도둑(김민호, 박정훈, 김위종, 박정식)
디자인 | 김효중
사진 | 최상천 외
펴낸이 | 김은지
펴낸곳 | 철수와영희
등록번호 | 제319-2005-42호
주소 | 서울시 마포구 월드컵로 65, 302호(망원동, 양경회관)
전화 | (02) 332-0815
팩스 | (02) 6091-0815
전자우편 | chulsu815@hanmail.net

ISBN 978-89-93463-00-2 03300

철수와영희 출판사는 '어린이' 철수와 영희, '어른' 철수와 영희에게 도움 되는
책을 펴내기 위해 노력하고 있습니다.

열심히 사는데 왜 우린 행복하지 않을까?

1%의 대한민국

강수돌

김진숙

한홍구

이철기

배경내

윤구병

철수와영희

불온한 시대, '불온한 강사'와 '불온한 청중'이 만났다

안건모 | 월간 〈작은책〉 발행인

월간 〈작은책〉 편집위원 김용심 씨가 들려 준 이야기로 이 책 서문을 써야겠다.

지난 6월 20일 김용심 씨가 홍세화 선생님과 촛불 집회에 참석한 뒤 집에 가려고 택시에 탔다. 라디오에서 한미 FTA를 반대하며 요목조목 따지고 있는 진보신당의 심상정 대표 목소리가 들렸다. 김용심 씨와 홍세화 선생님이 반가워했는데 갑자기 택시 기사가 들으라는 듯 크게 한마디 했다.

"저 여자, 저거 완전 미친 ×야."

그 두 분 어이가 없어 말문이 막힌 건 두말 할 나위도 없겠지.

홍세화 선생님은 '왜 다른 사람에게 욕을 그렇게 하느냐'고 점잖게 타이르셨다. 하지만 택시 기사는 "아니, 미쳤으니까 미쳤다고 하는 거지요. 사사건건 트집만 잡고, 하는 짓을 보라고요" 하면서 무조건 욕을 하더란다. 김용심 씨는 울컥 화가 나서 말까지 더듬으면서 택시 기사에게, 심상정 대표가 반대하는 내용이 '한미FTA니 0교시 수업으로 아이들을 죽이는 교육자율화 정책이니 의료보험 민영화, 수도 민영화 이런 건데, 그럼 그걸 다 찬성해야 한다고 생각하느냐'고 따졌다. 택시 기사는 그건 찬성하지 않지만 너무 따지니 미친 거라고 더욱 기세등등하면서 억지 논리를 펴더니 결국 하는 말,

"아, 내가 혼잣말 한 건데 손님이 대체 무슨 참견이야. 싫으면 싫다, 미쳤으면 미쳤다, 그렇게 맘대로 욕할 수 있는 게 민주주의 아니요? 그런데 남이 혼잣말 한 걸 가지고 왜 느닷없이 손님이 시비야. 이 손님, 되게 웃기네."

비단 이 택시 기사뿐만이 아니다. 자본주의 사회에서 지배를 당하는 80퍼센트, 아니 90퍼센트의 민중들은 이렇게 10퍼센트가 퍼뜨린 논리로 세뇌당해 있다. 그렇기에 10퍼센트 부자들을 위한 정책을 펴는 이명박을 당선시켜 주고, 특목고나 국제중학교 같이 엄청난 사교육비를 유발하는 정책을 펴면서 공교육 바로 잡기라고 우기는 사람을 교육감으로 뽑아 주는 것이다. 그리고 논리가 딸리면 위 택시 기사처럼 '맘대로 욕할 수 있는 게 민주주의 아니냐?'고 무식함을 드러낸다.

《1%의 대한민국》, 부제가 '열심히 사는데 왜 우린 행복하지 않을까?'라는 이 책은 《왜 80이 20에게 지배당하는가》에 이어 나온 두 번째 시리즈 책이다. 올해 작은책에서 '일하는 사람들의 눈으로 세상을

보자' 라는 제목으로 여섯 분이 강연한 내용을 풀어 쓴 책이다. 일선에서 물러난 윤구병 선생님이 지나온 삶을 들려 준 마지막 강연도 들어 있고, 올해 이어지는 촛불 집회의 의미에 대해서 한홍구 선생님이 강연한 내용도 덧붙였다. 불온한 시대에 '불온한 강사' 와 '불온한 청중들' 이 만난 이야기라 국방부에서 또 다른 '불온 도서' 가 될 확률이 가장 높지 않을까 싶다. 그러면 베스트셀러는 따 놓은 당상인데……

홍세화 선생님이 8월 26일 한겨레에 쓴 칼럼 일부를 옮기는 걸로 서문의 끝을 맺는다. 짧은 글에 남의 글을 인용해 거저먹었다는 비난을 들을 만하지만 이 책의 성격을 가장 잘 나타내는 글이기 때문이다. 이 글은 90퍼센트 민중들이 새겨듣고 되돌아 봐야 한다.

"……사람은 생각하는 동물이지만 태어날 때부터 생각을 갖고 태어나진 않는다. 사회 일원으로 살아가면서 생각을 갖게 되고 그 생각을 고집하며 살아간다. 문제는 그 생각이 어떻게 자기 것이 되었는지 물을 줄 아는 인문적 소양을 가진 구성원이 많지 않다는 점이다. 그래서 양극화가 더욱 심화되어 10대 90의 사회로 치달아도 90의 생각을 10이 쉽게 지배함으로써 관철되고, 민주주의 제도는 과두 지배를 가려 주는 장식물에 지나지 않는다. ……"

차례

촛불은 우리 민주화 운동의 겟돈이다*

한홍구 | 성공회대학교 교수

여러분, 반갑습니다. 요즘 제가 몸이 굉장히 안 좋습니다. 제 몸 어디에 이상이 왔냐 하면 귀에 달팽이관, 전정기관 있잖아요. 몸의 평형을 잡아 주는 그곳에 이상이 왔습니다. 그래서 제가 오늘 하는 얘기는 육체적으로 굉장히 편파적인 얘기가 될 수밖에 없습니다.(웃음) 평형감각이 깨져 있는 사람이니까요.

그래서 저는 저보고 늘 편파적이라는 주장에 대해서 항상 공정하게 중심을 잡고 세상을 본다고 얘기를 했는데요. 오늘 얘기만큼은 편파적일 수밖에 없다고 미리 한 자락 깔고 들어가지 않을 수 없네요. 이게 다 이명박 대통령 때문인 거 같습니다.(웃음)

이명박 대통령 때문에 굉장히 힘들고 고생하시는 분들이 많지요. 저도 촛불 집회 열심히 따라다니다가 이렇게 탈이 났는데요. 지금도 밤새

---

*2008년 7월 2일 '촛불시대의 평화운동' 이라는 주제의 공개 강연회에서 발표된 내용입니다.

어 촛불 집회 참여하는 사람들을 보면 아주 경이롭습니다. 이 대통령이 보면 아주 징글징글할 거예요.

저는 촛불 집회와 관련해서 한편으론 미안하고, 한편으론 속상합니다. 전에 촛불 집회에 나갔다가 친한 후배 기자를 만났는데 길거리에서 인터뷰한 게 프레시안에 실렸습니다. 거기서 무슨 얘길 했냐 하면 절대 집에 가면 안 된다고 얘길했습니다. 그런 이야길 해 놓고 저는 몸이 안 좋아 병원에 갔다가 계속 집에만 있었고, 오늘 처음 나왔습니다.(웃음)

여기 계신 분들 중에 석 달 전, 4월 초에 국회의원 선거하기 직전 쯤에 이런 일이 벌어지리라고 예상하셨던 분 계십니까? 행여 그런 분이 계시다면 여기 앉아 계시면 안 되죠. 돗자리를 까시고 시청 앞 주변이나 미아리나 어디든지 앉아 계시면 대박이 나지 않을까 싶은데요. 정말 한국 현대사는 예측 불가능하죠. 역사가 예측 불가능한 건지 아니면 우리의 예지 능력이 그만큼 떨어진 건지. 아니면 우리가 대중을 못 믿었던 건지. 하여튼 원인이 뭔지 모르겠습니다만, 한국 현대사는 너무 너무 역동적입니다.

제 원래 전공이 현대사이기 때문에 현대사의 큰 흐름 속에서 촛불이 어떻게 자리 매김되는지 살펴보도록 하겠습니다.

파란만장한 20세기 한국의 현대사

우리 20세기 현대사는 파란만장했지요. 망국의 갈림길에서 20세기를 맞았습니다. 우리는 자생적인 근대사를 성공적으로 만들지 못했기 때문에 결국 나라를 빼앗기고 식민지의 길을 걸었습니다. 그래서 끊임없이 민족해방운동이 벌어졌습니다. 그 다음에 우리 현대사에서 특이한 것은 엄청난 이민이 발생했다는 것입니다. 아마 해방 당시를 기준으로 본다면 13~14% 정도의 인구가 한반도 밖에 있었죠. 그 정도의 규모라면 전 세계 이민의 역사에서 아일랜드 대기근 때 빼놓고는 유례가 없을 겁니다. 이민이 시작된 게 1860년대인데 이때부터 시작해서 1945년까지 한 80년 동안 인구의 15% 가까이가 빠져나갔습니다. 그러다 보니까 우리 동포들이 천지 사방에 다 흩어져 러시아에도 있고, 중국에도 있고, 일본에도 있고, 미국에도 있고, 없는 데 없이 그렇게 흩어져 있습니다. 그리고 또 남북으로 갈라져 있는 그런 상태이고요.

우리는 1945년에 해방이 됐는데 불행하게도 그 해방이 진짜 해방이 아니었고 분단이 됐습니다. 그래서 분단국가의 특성이 나타나게 됐죠. 제일 중요한 특성은, 분단국가의 내부를 놓고 본다면 친일파 청산이 안 됐다는 겁니다.

20세기 2차대전 이후에 지금까지 생긴 나라가 아마도 170~180개는 족히 되지 않을까 싶은데 그 수많은 나라들 중에서 제국주의에 협력한 사람이 집권한 나라가 몇이나 될까요. 딱 두 나라가 있습니다. 그 하나는 불행하게도 한국이고, 또 하나는 남베트남입니다. 남베트남은 북베트남에 흡수 통일이 되었죠. 그래서 유일하게 우리나라밖에 없습니다.

우리가 그런 면에서 본다면 팔자가 기구한 거죠.

제가 이 자리에서 8개월 전인 작년 10월 말에 작은책 강좌에서 과거 청산 얘길하면서 그 흐름을 한번 정리한 적이 있습니다.(한국 근현대사의 추악한 진실- 한홍구 강연 참조)

지금 따져 보면 한국은 참 기가 막힌 나라입니다. 이게 좋은 건지 나쁜 건지 모르겠지만, 한국은 지금 경제력으로 따지면 세계에서 11위, 12위권입니다. 군사력으로 따져도, 국방비 지출로 따져도 그 정도 돼요. 11위, 12위권. 종합 순위로 따지면 10위권 안에 듭니다. 그러니까 엄청난 강국이 된 거예요.

이제는 구한말 때처럼 외세의 침략 때문에 풍전등화에 처해 있는 그런 나라가 아니고 적어도 외형면으로 볼 때 놀라울 정도로 성장을 했습니다. 그리고 전 세계에서 이런 10위권 안에 드는 나라들 중에서 식민지에서 출발한 나라가 우리밖에 없어요. 그런 점에서 보면 우리의 이런 성취는 만만치 않은 거죠. 물론 분배가 어떻게 되고 있느냐, 삶의 질이 어떠냐, 이런 걸 따지면 또 여러 가지로 토론할 바가 있지만 우리는 그만큼 급격하게 성장을 한 겁니다.

그리고 우리 근현대사에서 또 다른 특징은 민주화와 산업화를 동시에 이룬 대표적인 국가라는 겁니다. 한국은 지금 형식상의 민주주의 면에서 본다면 어떤 면에서는 너무 발전되어 있습니다. 대통령을 탄핵할 수 있는 나라가 세상에서 몇 나라가 되겠습니까. 의회에서 대통령을 탄핵할 수 있는 나라는 별로 없어요. 웬만한 나라에서 탄핵하겠다고 하면 대통령이 가만 있습니까. 정보기관을 동원해서 무슨 수를 써서라도 막지요. 한국은 그 내용이 못 따라갈 정도로 외형적인 민주주의가 너무 발달돼 있죠. 근데 한국이 민주화와 산업화를 동시에 이루었는데 그럼 다른 제3세계 국가들에 대해서 한국형 발전이 모델이 될 수 있을 까요? 여러분, 모델이 될 수 있다고 생각하십니까?

저는 여기서는 고개를 갸우뚱하게 돼요. 그러나 우리가 이뤄 낸 경험이 대단히 중요한 건 사실입니다. 이 엄청난 역사적 발전을 많은 우여곡절을 거치면서 우리가 이뤄 냈습니다. 그런데 이런 역사적 발전을 이뤄낸 우리는 우리 자신에 대한 신뢰가 부족한 거 같아요. 우리 자신에 대한 신뢰가 부족하다는 건 다른 표현으로 우리가 대중들을 신뢰하지 못하고 대중들을 믿지 못하는 대목들이 많이 있었다는 겁니다.

촛불을 처음 든 이 아이들은 어떤 아이들입니까?

특히 2006년, 2007년 상황이 참 안 좋지 않았습니까? 그때 민주화 운동에 앞장서다가 정치권에 들어가 있었던 김근태 씨는 '국민들이 치매에 걸렸다, 그렇지 않고서야 어떻게 한나라당을 지지할 수 있겠냐.' 이런 말씀을 했습니다. 작년에는 상황이 너무 안 좋아서 많은 사람들이 저한테 "이명박 씨가 곧 당선이 될 텐데 이민 안 가냐?" 하며 걱정을 많이 해 주셨습니다.

그때 제가 뭐라고 얘길 했냐 하면, 야 우리가 박정희, 전두환 밑에서도 살았는데 이명박, 박근혜 밑에서 못 살 게 뭐 있느냐, 그렇게 얘길 했고, 진짜로 그렇게 생각을 했습니다. 근데 12월 19일 막상 결과 발표가 나는 거 보니까 한숨이 나오면서 이 정권 밑에서 10년을 살아야 하나, 15년을 살아야 하나, 그 걱정을 하기 시작했습니다.

그러다가 두어 달 지나서 인수위가 출범을 하는 거 보니까, 야 잘하면 5년만 살면 되겠다,(웃음) 그러다가 이제는 야, 이거 이명박이 사임을 하면 어떡하나, 우리는 준비가 안 돼 있는데 하고 걱정할 지경까지 정말 몇 달 만에 역사가 이루어졌습니다. 이게 어디서 만들어졌습니까? 김근태 씨가 대중들을 불신하며 대중들이 치매에 걸렸나 보다라고 얘길 했을 때, '야~ 저 얘기를 차마 어떻게 하냐'라고 하면서도, 심정적으로 뭐가 잘못돼도 잘못된 거다, 크게 잘못됐다 하고 많은 사람들이 생각했지만 그 대중들이 오늘의 촛불의 역사를 만들었다고 생각을 합니다. 저는 그 대중이 다른 대중이 아니었다고 생각합니다. 저는 이 국면에서 가령 해방 이후만 놓고 봐도, 우리가 이런 좋은 찬스를 굉장히 여러 번 놓쳤다는 생각이 들어요. 그래서 우리가 이번 찬스를 잘 살리기 위해서는 한번 좀 되짚어 볼 필요가 있다라고 생각을 합니다.

촛불을 처음 든 이 아이들이 어떤 아이들입니까? 옛날에 민주화 운동이나 노동운동을 했던 사람들이, 요즘 그 여중생, 여고생들을 몇 달 전까지 어떻게 생각했습니까? 쉽게 얘기해서 개념 없는 아이들이라고 생각했죠. 민주주의에 대해서는 전혀 생각도 없고 도대체 무슨 생각을 갖고 사는지 모르겠다, 이렇게 한참 깔봤던 그 아이들이 촛불을 든 겁니다.

그런데 저는 이 아이들이 하늘에서 뚝 떨어진 게 아니고 민주화 운동의 성과라고 생각합니다. 그 친구들은 그렇게 생각을 안 할지 모르지만요. 우리가 김대중 정권, 노무현 정권을 정말 욕을 많이 했고 '저런 엉터리 정권이 세상에 어디있냐' 하고 얘기했지만 그래도 그쪽은 민주 정권에 속하죠. 이명박 정권하고는 종류가 틀린……. 노무현 정권이 저런 정책을 쓰는 게 한나라당하고 다를 게 뭐냐! 우리가 그렇게 비판을 했지만, 그래도 기본적으로 민주적인 데가 있었던 거죠.

1987년 6월 항쟁 때 저도 노상 길거리에서 살았습니다. 저뿐만 아니라 제 또래들 또 저보다 위의 세대들은 죽어라 하고 목이 터져라 하고 민주주의를 외쳤습니다. 정말 '타는 목마름으로, 타는 목마름으로'라는 김지하 노래와 같은 그 심정으로 민주주의를 외쳤습니다. 그런데 요번에 돌이켜서 생각해 보니까 당시 민주주의를 외쳤던 우리가 민주주의 밑에서 살아 본 적이 있나? 단 1분도 없는 겁니다. 4·19 직후에 잠깐 살았을 뿐이죠. 그 아스라한 기억을 가진 사람도 있었겠지만, 6월 항쟁 때 뛴 사람들은 그런 기억도 없는 사람들이 대부분이었고, 단지 우리는 머릿속에만 민주주의가 꽉 차 있었어요. 목이 터져라 민주주의를 외쳤지만 우리 몸은 한번도 민주주의를 체험해 본 적이 없는 거예요. 애국 조회, 교련 조회, 동작 그만에 익숙해 있었던 세대였습니다. 국기 하강식 때 애국가가 나오면 축구하다가도 '동작 그만' 하고, 길 가다가도 동작 그만 하는 것이 몸에 딱 배어 있었어요. 그런데 지금 촛불을 든 아이들은 머릿속에는 민주주의에 대해서 생각도 안 하고 요즘 흔히 하는 군대식 말로 개념 없이 살았지만 민주주의가 몸에 배어 있었던 거예요.

우리는 민주주의가 머리에만 있었는데 그 아이들은 몸에 민주주의가 배어 있었기 때문에 자기 몸에 익숙해져 있는 그 민주주의를 누가 와서 건드리고 빼앗아 가려고 하니까 반기를 든 거죠. 제가 이 촛불 집회를 너무 자의적으로 해석하는 건지 모르겠습니다만, 우리의 민주화 운동이 곗돈을 탔다(웃음)고 생각합니다. 그동안 열심히 붓기만 하고 만기일을 잊어 버리고 있었는데, 우리가 부은 사실조차도 잊어 버리고 있었던 곗돈을 탄 거죠.

그래서 우리는 이제 민주주의에 대해서 재평가를 해야 하는 게 아닌가, 생각을 해 봤습니다. 왜냐하면 민주화 운동에 대해서 그동안에 저부터도 어디 강연을 다니면 '민주화되어서 살림살이 좀 나아지셨습니까?', '민주화되어서 행복해지셨습니까?' 라는 굉장히 시니컬한 질문들을 자조적으로 던졌습니다. 솔직히 민주화되어서 좋아진 사람이 누가 있습니까? 삼성이나 그런 재벌들만 민주화돼서 정말 좋아졌죠.

1992년도 대통령 선거에 정주영 씨가 후보로 나왔던 거 혹시 기억나세요? 정주영이 왜 나왔습니까? 더러워서 나왔죠. 정주영은, '내가 맨날 정치자금 뜯기는데 그 돈을 뜯기느니 내가 나서서 직접 한번 해 보겠다'고 파격적인 공약도 내걸었어요. 정주영이니까 내걸 수 있는 공약이었습니다. 공산당 합법화, 아파트 반값 분양, 그런 공약을 내걸고 나섰어요. 근데 낙선했지요. 재벌조차도 군사독재 정권 치하에서는 자유롭지가 못했어요.

국제그룹이라고 있었습니다. 부산을 기반으로 한 고무나 석유제품을 많이 생산했던 재벌인데 우리나라 재계 랭킹으로 한 7, 8위 정도 됐을 거예요. 근데 전두환의 말 한마디에 공중분해됐지요. 물론 내부적인 문제도 있었지만, 그 정도로 독재정권이 재벌을 꽉 쥐고 있었는데 민주화되고 난 다음에 달라졌지요. 온갖 기업들 규제 풀어라 하면서 민주화되어서 좋아진 사람들 많죠.

언론은 어떻습니까? '땡전뉴스'란 말 들어보셨어요? 9시 땡! 치고 뉴스가 나오면 전두환이 나오죠. 그리고 보도 지침이란 말 들어 보셨어요? 가령 시위를 예로 들자면 70만 명 모인 사진 풀 컷 잡지 말 것, 70만 명이 모여 있어도 앞에 연단과 그 앞에 한 30명만 나오게 할 것, 그 정도 일부 시민들이 모였다고 그렇게 기사 뽑을 것을 지침으로 내리면 실제로 기사를 그렇게 뽑아서 싣던 그런 시절이 있었습니다.

그런데 어떻게 됐어요. 노무현 대통령 시절에는 신문들이 노무현 씹는 걸 국민 스포츠로 만들었잖아요. 정말 대통령 씹는 거에 관한 한 세계 최대의 언론 자유를 누릴 수 있는 그런 세상이 됐어요. 그리고 옛날 민주화 운동을 했던 사람들 중에 몇백 명이 좋아졌죠. 일부는 국회의원도 되고 장관도 되고 총리도 하고 그리고 공기업 감사도 하고 그렇게 좋아진 사람들이 몇백 명은 됐을 겁니다.

그러면 나머지는 어땠어요. 우리는 뭐 달라진 거 없다, 개인적으로 뭐가 달라진 게 있냐 그렇게 생각을 했습니다. 그래서 우리 민주화 운동이 제대로 된 민주화 운동인지 고민해 봐야 할 부분들이 많다고 보았습니다. 그래서 대한민국의 민주화는 민주화된 것도 아니고 안 된 것도 아니고, 한심하게 생각하고 답답한 점이 많았지요.

물타기 식이고 과거 청산이 없다 보니까 과거에 책임을 져야 할 사람들이 계속 그 자리에 남아서 떵떵거리고는 일들이 벌어져 왔습니다. 그리고 또 민주화 운동에서 특히 우리가 반성해야 할 부분이 뭐냐 하면 70년대, 80년대 그 어려운 시절에는 민주화 운동과 민중운동이 늘 같이 갔다고 생각을 합니다만 민주화 운동과 민중운동이 분리가 된 거죠. 그 대표적인 사례가 2000년대 들어와서 가장 상징적인 KTX사건을 들 수 있습니다. KTX 노동자들을 해고한 사람이 누굽니까? 70년대 민주화 운동의 상징이었던 '돌아온 사형수' 이철입니다. 이렇게 되어 버렸기 때문에 우리는 '민주화되어서 행복해지셨습니까?' 라고 민주화 운동의 성과에 대해서 굉장히 부정적으로 생각해 왔습니다.

그러나 이제 저는 이번 촛불을 보면서 우리의 민주화 운동의 성과를 높게 평가해야 한다는 생각을 가지게 되었습니다. 그리고 우리가 민주화되어서 아까 제가 '살림살이 나아지셨습니까?' 라는 말씀을 드렸는데 저는 민주화되고 난 다음에 살림살이가 분명히 나아졌다고 생각합니다. 왜냐하면 적어도 87년 7, 8, 9월 노동자 대투쟁을 거치면서 우리 사회에서 분배가 새롭게 이루어졌고 그 분배를 통해서 한국의 민주화와 소득 수준이 대단히 높아질 수 있었기 때문입니다.

그리고 민주화가 되고 난 다음에 바뀐 점은 사람들이 많이 죽지 않게 되었다는 겁니다. 민주화 운동에서 옛날에 열사들 많이 나왔죠. 열사들 나오는 게 없어졌습니다. 그것만이 아닙니다. 여러분, 우리나라 군대에서 1년에 몇 명씩 죽었는지 아세요? 이라크 전쟁이 벌어지고 난 다음에 5년 동안에 미군 사망자 수가 한 4천 명 됩니다. 전쟁을 하면서 1년에 800명 정도가 죽었습니다. 그런데 대한민국 군대에서 70년대, 80년대의 1년 사망자 수가 80년대에는 평균 600명, 70년대에는 한 1000명 됩니다. 전쟁을 안 했는데도요. 2, 3년이면 2000명이나 되는 일개 연대가 없어지는 거예요. 전쟁 없이도 이렇게 많이 죽어 나갔습니다. 맞아 죽고 터져 죽고 사고로 죽었습니다. 지금은 1년에 군대에서 한 100명 더 넘게 죽을 겁니다. 1년에 적어도 700~800명의 목숨이 건져지고 있어요. 왜? 뭐가 달라졌습니까? 군대는 구조적으로 달라진 거 없습니다.

사회가 민주화됐기 때문에 군대가 더 이상 성역이 아니고 사람들이 군대를 들여다볼 수 있다는 그 사실만으로 사람들이 그렇게 안 죽게 되는 겁니다.

우리는 그동안 민주화의 성과에 대해서 너무 저평가를 해 왔는데 촛불 집회의 이 아이들이 어디서 나왔습니까? 김대중 정권, 노무현 정권을 거치면서 우리 사회가 민주화됐고 그 민주화됐던 사회 속에서 살았던 어린 친구들이 자기 몸에 배어 있는 민주주의에 의해 촛불을 든 거라는 생각이 듭니다. 또 촛불의 시발점인 쇠고기 문제는 건강권, 생명권인데 저는 여기에 민주주의의 기본 원리가 담겨 있다고 생각합니다. 촛불을 든 아이들은 중요한 건강권 때문에 각성을 했는데 그 각성이 어디로 번집니까? '내 입에 들어갈 걸 왜 니가 정해.' 그거죠. 학생들은 '왜 내가 먹기 싫다는데', '왜 내가 억지로 먹어야 하는 조건을 니들이 만들어?' 그리고 '왜 이렇게 중요한 걸 물어보지도 않고 정하냐'고 주장한 겁니다. 아이들도 신문이나 텔레비전은 다 보잖아요. 쇠고기 파동 나고 텔레비전에 나온 게 뭡니까? 골프 카트 대리 운전 이모씨.(웃음) '아니 저거 해 줄라고, 캠프 데이비드 가서 밥 먹고, 사진 찍을라고 이걸 줬어? 이거 도로 물어내' 라고 하는데 못 물어 낸다고 하니까 사람들이 기가 막힌 거죠.

여러분 생각해 보세요. 동네 정육점에 가서 고기를 살 때 '나 이 고기 먹기 싫어' 하는데, '우리 동네에 사는 사람은 무조건 이 고기 먹어야 돼'라는 게 말이 되는 얘기입니까? 아이들은 민주주의에 대해서 많이 모를 겁니다. 그런데 중요한 거 하나는 알고 있죠. 이명박 대통령처럼 그렇게 하면 안 된다는 거는 알고 있는 거지요. 그래서 저는 이 점에서 촛불 집회에서 민주주의의 본질 문제가 거론됐다고 생각합니다.

학생들은 촛불 집회에서 이명박 대통령한테 많은 좌절감을 느꼈을 겁니다. 처음에는 아마도 이렇게 촛불을 들고 이렇게 이 정도 하면 당연히 재협상을 하리라고 생각했을 겁니다. 그게 뭐 그리 어려운 일이라고. 근데 죽어도 재협상 못한다잖아요. 친한 친구 사이라도 열일곱 번을 간곡하게 얘길했는데 아무런 대답이 없으면 어떻게 됩니까. 그런 애랑은 사귀면 안 되죠. 그런 애랑 놀면 안 되죠. 여러분은 같이 놀겠습니까? 열일곱 번을 편지 보내고 문자 보내고 전화했는데 대답이 없으면 그런 싸가지하고는 안 놀아야죠.(웃음) 친한 친구 사이도 깨지는 거 아닙니까. 촛불 집회를 열일곱 번을 했어요. 그런데 나와서 한다는 얘기가, '소통이 잘못됐다'예요. 아니 노무현 대통령도, 저도 노무현을 별로 좋아하지 않지만 검사와 대화했잖아요. '막 가자는 겁니까!' 그 꼴 당해 가면서 검사와 대화했잖아요. 이명박 대통령은 일본에 가서 '일본 국민과의 대화'를 했는데 정작 한국에서는 국민들과의 대화를 안 해요.

내가 살다 살다 김종필을 칭찬하는 그런 일도 생기네요. 1963년인가요? 서울 문리대에서 학생들이 데모하고 있을 때 거기에 김종필이가 단신으로 나타나서 그 학생들 모아 놓고 토론회를 했어요. 게다가 이겼어요. 토론 끝나고 기립 박수 받고 나갔어요. 김종필이가. 그런데 이명박 대통령은 뭐 하는 겁니까. 소통이 잘못됐다면서요. 촛불을 들고 청계광장에서 외쳐서 안 들리니까 그럼 청와대로 좀 더 가까이 가자, 학생들이 거리로 나선 거 아닙니까? 너나없이 청와대로 가자고 한 거 아닙니까. 촛불이 안 보이면 횃불을 들자, 그러면서 사람들이 나가게 된 거 아닙니까.

촛불을 빨리 꺼뜨리면 안된다

한국 정치를 다시 돌아보면 우리가 거리로 나가는 역사가 유구합니다. 4·19에서부터 시작해서 1987년에도 나갔구요. 그때는 촛불은 없었습니다. 일부가 짱돌과 화염병과 쇠파이프를 들었지요. 우리는 또 2002년도에 미선이 효순이 두 학생의 죽음을 추모하는 촛불을 들었습니다. 그리고 2004년에 노무현 대통령 탄핵 반대 촛불을 들었고 올해 2008년에 촛불을 들었습니다. 그래서 지난 20년 동안에 거리의 정치가 1987, 2002, 2004, 2008년 등 크게 네 번 있었던 거 같아요. 근데 이렇게 크게 거리의 정치가 일어난 때가 언제냐 하면 두말할 것도 없이 대의정치가 실패했을 때죠. 대의정치가 제대로 작동하지 못할 때, 시민들이 거리에 나와서 직접 자기 의사를 표출했습니다.

1987년 이전에는 체육관에서 대통령을 뽑았습니다. 이걸 직선제로 하자는 요구를 들고 나왔었죠. 2002년도에는 미선이 효순이가 억울하게 죽었는데 그때 재판을 했죠. 어떻게 됐습니까. 미군이 무죄가 나왔습니다. 아무도 책임을 안 지는 거예요. 미군 잘못도 아니라면 그때 거기 그 길을 하필 그 시간에 걸어간 미선이 효순이 잘못이라는 얘기밖에 더 되지 않습니까. 시민들이 납득을 할 수가 없는 거예요. 이런 문제에 정치권이 관심도 없고 대응도 못하고 있으니까 시민들이 촛불을 들고 나온 거였죠. 그리고 2004년도 노무현 대통령 탄핵에 맞선 촛불은 국회가 민의를 배반한, 아마 전 세계 의정사에 처음 등장한 용어일 텐데 '의회 구테타'에 대한 항거였습니다. 그런데 결과는 어떻게 됐습니까. 전부 다 이렇게 대의정치가 작동을 못해서 시민들이 거리로 나왔지만 아이러니컬하게도 대의정치의 기본적인 메카니즘에 의해서 촛불이 꺼졌어요.

1987년 6월항쟁 때는 뜻밖에도 전두환, 노태우 정권이 직선제를 받아들였잖아요. 우리의 가장 큰 요구가 받아들여지니까 '아 그래 직선제로 해서 정권을 교체하자'고 생각한 거죠. 직선제에 대한 자신감 때문에 대통령 선거 국면으로 자연스럽게 넘어왔습니다. 2002년도에는 어떻게 됐습니까? 우리가 촛불을 들면서 미국에 대해서 좀 더 자주적인, 그리고 불평등한 소파를 개정하는 그런 정권을 원했지요. 그런데 그때 노무현 대통령 후보가 '반미 감정 좀 가지면 어때'라는 얘기를 했어요. 그런 노무현이 당선이 되면 아 정부에서 뭔가 이 문제에 대해서 대책을 세울 것이다, 이대로 두진 않을 것이다라고 시민들이 다 그렇게 생각을 했었습니다. 그리고 2004년도에 민주 개혁 세력한테 새 국회를 만들어 줬잖아요. 88년 이후에 최초로 여당한테 단독 과반수 국회를 만들어 줬잖아요. 그래서 시민들이 아 이제는 됐어, 국회가 잘 알아서 하겠지 하고 집으로 돌아갔던 거예요. 그런데 결과가 어떻게 됐어요?

1987년도에는 양김이 분열하는 바람에 죽 쒀서 개 주는 정말 믿을 수 없는 패배를 당해 버렸죠. 그 다음에 2002년도에는 어떻게 됐습니까. 노무현 집권 5년 동안의 한미 관계의 변화가 그 이전의 50년 동안의 한미 관계의 변화보다 더 크게 일어났습니다. 반미 감정 좀 가지면 어때 하던 후보가 불과 몇 달 만에 '아, 미국이 없었으면 자기가 지금 북한 수용소에 있을지도 모른다' 라고 했습니다.

제가 반응이 좀 느린 편이에요. 저같이 반응 느린 사람이 그때 처음으로 피가 거꾸로 돈다는 게 이런 느낌이구나 하는 것을 그 방송을 듣는 순간 느꼈고, 나한테 권한이 있었으면 정말로 노무현 대통령을 수용소에 처넣고 싶었습니다.(웃음) 노무현 대통령은 그래 놓고 이라크 파병을 했죠. 그 다음에 미군 기지 이전과 같은 거 미국이 하자는 대로 다 해 줬죠. 그 다음에 한미 FTA까지 해 줬죠. 적어도 2002년 미선이 효순이 촛불 집회 때에 우리가 노무현에 대해서 가졌던, 반미 감정 좀 가지면 어때라는 그 노무현이 당선되므로 우리는 안심을 하고 집에 들어갔던 사람들의 입장에서는 이거는 정말 배배배배 배신이죠. 이런 배신을 때릴 수가 있습니까?

그 다음 2004년도에는 어떻게 됐습니까? 탄핵이라는 게 죽이자는 거 아니에요? 노무현 대통령은, 죽이자는 사람 앞에 가서 '차이가 없으니 한나라당과 대연정을 해야겠어'라고 한 거예요. 한나라당보다 더 한나라당스럽게 국회에서 굴러 버리는 거예요. 그래서 제가 얘길한 겁니다. '역사를 보자, 1987년, 2002년, 2004년을 볼 때, 빨리 집에 가면 안 된다'고 이야기한 겁니다.

저는 지금까지 계속 2주일째 집에 콕 박혀 있었습니만 우리는 이제 정말 촛불을 끄면 안 된다라고 생각합니다. 프레시안하고 길바닥에서 인터뷰를 할 때 기자가 일부러 저에게 물어봤죠. '집에 돌아가서 국회에 맡기면 안 되겠느냐?' 그래서 저는 이렇게 말했습니다. '국회에 맡겨? 차라리 길바닥에 앉아서 천일 기도를 하자' 우리 할머니들, 어머니들 옛날에 간절한 소원이 있을 때에는 촛불 켜 놓고 천일 기도를 하지 않았느냐 집에 일찍 들어가서 결과가 어떻게 됐냐, 우리가 촛불을 빨리 꺼뜨리면 안 된다라는 얘기를 했습니다.

1987년도에는 대통령 선거가 임박해 있었습니다. 2002년에도 대통령 선거가 임박해 있었고, 2004년도에는 국회의원 선거가 임박해 있었어요. 근데 지금 2008년도는 대통령 선거를 6개월 전에 했지요. 그 다음에 국회의원 선거는 두어 달 전에 했지요. 그러니까 선거 기회도 없는 거예요. 이런 상태에서 우리가 현재 국회에다가 맡길 수 있는 게 아무 것도 없습니다.

그래서 이명박 대통령이 개심을 해서 국민들의 뜻을 따르지 않는다면, 국민들에게 지지 않는다면, 항복을 하지 않는다면 우리도 다른 수가 없는 겁니다. 계속해서 촛불을 켤 수밖에. 그리고 우리한테 대안이 뭐냐라고 묻는 사람들이 있는데 저는 그 질문이 굉장히 잘못된 질문이고 번지수가 틀렸다고 생각을 합니다. 대안은 국민들한테 월급 받고 있는 정부에 있는 사람들이 내야죠. 우리는 끈질기게 촛불을 드는 겁니다. 될 때까지. 처음에 촛불 소녀들이 내건 구호 중의 하나가 '될 때까지 모여라' 입니다. 저는 그거라고 생각해요. 그게 우리의 답입니다. 저는 우리가 그 이상의 답을 내야 할 이유는 별로 없다고 생각을 합니다.

그 다음에 반드시 드리고 싶은 말씀이 '질긴 놈이 이긴다.' 입니다. 지금 우리 주변을 보면 굉장히 상처받고 조급증을 갖고 있는 분들이 많을 것 같아요. 올 해 촛불 집회가 처음 시작될 때도 '아, 2002년에 나도 촛불 들어 봤어, 2004년에도 들어 봤어. 그런데 하나도 안 바뀌더라. 올해 2008년인들 별 수 있겠어?' 그러다가 사람들이 많이 모이니까, 길바닥에 나왔죠. 그런데 저쪽에서 장난을 치죠. 여론 갖고 장난을 치고…….. 저쪽도 어떻게 잡은 정권인데 그냥 내 주겠습니까. 그러니까 전열을 정비해서 반격을 가해 오고 나서 여론이 자꾸 흔들리니까, 굉장히 위축되고 상처받는데……. 여러분 촛불 끄시겠습니까? (청중 : 아니오) 우리가 안 끄고 있으면 촛불은 꺼지는 게 아닙니다. 우리가 이명박 대통령 명령 받고 촛불 켰습니까? 대통령 명령 받고, 명령으로 촛불 켰었나요. 우리가 컸죠. 우리 마음에서 야! 꺼도 되겠다, 싶을 때 그때 끄는 겁니다.

불행한 우리의 1987년, 2002년, 2004년의 경험에서 볼 때 이거 촛불 금방, 빨리 껐다가는 안 되는 겁니다. 50일을 촛불을 켰고 70만이 모이는데도 정부가 꼼짝을 안 하지만, 저는 우리가 잃을 거 없다고 생각합니다. 우린 많은 것을 잃은 상태에서 출발했습니다. 그런데 이명박 퇴진이 거론되는 상항까지 왔잖아요. 이명박 대통령이 퇴진하면 사실은 골치 아픈 부분도 좀 있어요. 박근혜 밑에서 살게 되는 건지. 진짜로 파시스트가 튀어나올지. 아니면 저 멍청한 민주당한테 정권을 줘야 할지.

그래서 조금 겁이 많은 친구들, 오늘 ○○○칼럼 같은 것도 보면 이명박 정권이 퇴진하면 안 된다. 그렇게 생각하는 사람도 있습니다. 그러나 그 고민을 우리보다 더 심각하게 하는 게 누구겠습니까? 보수층입니다. 우리는 그냥 촛불을 켜고 있으면 됩니다. 그러면 저쪽에서 어떻게든 답이 나올겁니다. 여러분 생각해 보세요. 박정희 때는 지들끼리 쏴 죽이기까지 했어요. 지금 보수 진영 내에서 어떻게 잡은 정권인데 이명박이 석달 만에 이렇게 들어먹느냐, 그쪽은 난리입니다. 나는 자리에 앉지도 못했는데 정권이 날아가게 생겼다고 난리입니다. 이런 상황입니다. 지금 일시적으로 이명박이 7.4 포인트까지 떨어졌잖아요. 그래서 747공약이 이루어 지려나봅니다. (웃음) 7.4포인트로 떨어져서 7월달에 물러난다.(웃음) 그래서 이명박 평하는데 아주 또 재밌는 게, 세상에 '공약 지킬까 봐 겁나는 놈은 네 놈이 처음이다' 라는 구호도 있었습니다.(웃음) 그러니까 보수층도 다시 결집을 하는 겁니다. 이명박이 미운데 촛불은 더 위험하거든요. 그래서 일시적으로 결집해 있는데 촛불이 안 꺼지면, 강경 진압밖에 없습니다. 지금 정부가 쓸 수 있는 카드는 다 썼거든요. 딱 하나 남은 게 군대 동원하는 겁니다. 그런데 군대 동원은 못한다고 생각을 합니다. 그럴 만한 용기도 없는 사람이에요. 그래서 우리가 끈질기게 버티면 이명박은 우리가 퇴진 안 시키고, 우리가 청와대에 안 가도 보수 세력 내에서 이명박을 끌어내리게 돼 있습니다.

지금 보수 진영의 책사들은 열심히 머리 굴리고 있을 겁니다. 어떻게 이명박을 살릴 수는 없을까? 이거 이명박을 대통령으로 그냥 둔 상태에서 내각제 개헌을 제안할까. 아니면 박근혜를 총리로 내세워서 이명박이 사퇴하면 박근혜가 대통령 권한 대행이 되고 다음번 후보가 돼서 그렇게 되면 선거를 좀 치러 볼 만하지 않을까. 보수 진영이 다시 결집하면서 그딴 궁리를 자기네들이 열심히 하고 있을 겁니다. 우리는 거기에다가 머리를 쓸 필요가 없다고 생각합니다.

특히 지식인들 층에서 무슨 권력 구조 개편이나 촛불의 미래와 관련한 그런 논의가 많은데 그런 논의가 다 쓸데없다고 생각해요. 왜냐하면 이 촛불은 아무도 예측을 못했거든요. 촛불 자체가 예측 불가의 방향으로 가고 있구요. 지금 우리는 정말 끈질기게, 정말 끈질기게 이 자리를 지키면서 촛불이 갖고 있었던 창조성, 상상력 그리고 정말로 중요한 거는 체력(웃음)을 지켜야 한다고 봅니다. 제가 지금 요새 촛불 집회를 나가지 못하면서 특히 절감하는게 체력과 끈기입니다. 여러분 힘드시죠? 근데 저쪽은 몇 배 더 힘듭니다. 여러분 이명박이 바뀌지 않는 거 보고 답답하시죠? 이명박은 매일 몇만 명이 모이는 저 촛불을 보면서 징글징글할 겁니다. 여기선 정말로 질긴 사람들이 이기는 겁니다. 여러분들 초조할 필요 없습니다.

이미 우리는 달라졌다

이번 촛불 집회는 처음으로 비폭력과 평화의 문제가 제기된 대중적으로 중요한 전기가 됐다라고 생각합니다. 이라크 파병 문제가 한국 사회에서 평화운동 대중화의 한 계기가 됐다면 요번 촛불 집회는 그런 의미에서 또 다른 계기가 됐는데 촛불 집회에서 평화 시위와 폭력 시위 중에서 어떤 게 더 좋은 거 같으세요. 질문에 함정이 있어 보이죠.(웃음) 제 질문이 별로 순수하지 못한 거 같은데요. 글쎄요. 왜 질문이 순수하지 못했냐. 제가 평화운동 단체에서 일하고 있지만 제 원래 전공은 무장 항쟁입니다. 항일 무장 투쟁이 제 원래 전공입니다. 사실 80년대 폭력의 수위는 말도 못하게 높았죠. 저는 오늘 처음으로 밖에 나와서 돌아다니기 시작했는데 서대문에 있는 경찰청 앞에 가서 폭력 경찰 비판하는 기자회견하고 왔습니다. 근데 솔직히 약간 거시기 했던 게 뭐냐 하면 80년대와 비교하면 이건 폭력 진압도 아니거든요. 그래서 경찰은 되게 억울해할 거 같아요. 어청수 같은 경우는 '이걸 갖고 폭력 진압이라고 하다니' 라고 말이죠. 근데 달라진 게 있죠. 우리 국민들의 눈높이로는 이거 엄청 폭력이라는 거죠. 이렇게 우리가 달라진 겁니다. 우리가 이렇게 달라졌고, 민주화 정권 10년을 지내면서 거기서 형성된 나름대로의 어떤 시위 문화랄까, 그런 룰 같은 게 있기 때문에 경찰이 그렇게 함부로 치고 들어오지 못한 겁니다. 그러는 사이에 우리가 벌써 50여 일을 지나온 거 아닙니까. 그러니까 저쪽에선 어떻게든 시비를 걸어서 폭력적인 상황을 만들고, 폭력 양상이 만들어지면 여기 가면 위험하다 해서 일반 시민들의 참여를 떨어뜨리는 작전을 쓰려고 했는데 신부님들이 등장했지요.

이번 촛불 시위를 보면서 몇 가지 생각할 거리가 있다고 봅니다. 시위 현장에 예비군들이 군복을 입고 나타났죠. 이게 몇 가지 함의가 있는 거 같아요. 한편에서는 군복으로 상징되는 국가의 권위, 그것을 전복한다는 긍정적인 의미가 있다고 봅니다. 그래서 시민들 중에 예비군들에게 박수를 치는 분도 있고, 그러나 또 한편으론 예비군들이 아무도 인정하지 않은 권력을 행사하려고 하는 모습들에 대한 비판도 또 있었죠. 예비군들이 질서 잡는다고 하는 거는 봐줄 수도 있지만 위험하니까 우리가 지켜 준다 하는…… 정작 전경들이 치고 들어올 때 그렇다고 나가 싸울 수 있는 것도 아니면서…… 예비군은 맞으면 안 아픈가요?(웃음) 군복만 입었지 비무장인데. 대응하는 방패가 있는 것도 아니고…….

그리고 시위 현장에서 여성들이 불편했던 게 '남성들 나오세요' 하는 말이 마이크로 여러 번 나왔잖아요. 심지어는 모래 한 줌씩 나르는데 남녀 차이가 얼마나 있다고 거기서도 남성들 나오세요가 나오고······. 그런 거나 '아이들이 무슨 죄냐, 우리들이 지켜 주마' 하는 그런 구호. 촛불의 그 광장에서 우리가 대등한 주체로서 서는 게 아니라 누구는 지켜 주고 누구는 지킴을 받아야 하는 그런 관계가 돼야 하느냐는것은 생각해 봐야 한다고 봅니다. 이런 부분들이 우리가 워낙 군사주의에 물들어 있다 보니까 튀어나오는 부분이라고 생각을 합니다만, 이런 과정들을 사실은 촛불의 힘으로써 우리가 고쳐 가야 할 부분이라고 생각을 합니다.

민주주의의 한류를 만들자

한국에선 거리의 정치가 활성화되어 있지만, 또 한편에서는 투표율은 죽어라 하고 떨어지죠. 요번 7월 30일인가요? 서울시 교육감 선거가 있는데 투표율이 몇 퍼센트나 될까요. 촛불 집회 때문에 올라갈까요, 아니면 여전히 10퍼센트대일까요? 투표율이 떨어지는 현상은 한국만이 아닙니다. 전 세계적으로 공통된 현상입니다. 지금 대의 민주주의는 세계적으로 위기에 처해 있는데 우리가 생각하는 대의 민주주라는 게 언제쯤 만들어진 제도 같으세요? 아무리 빨리 잡아 줘도 1940년대가 될 겁니다. 제가 1940년대라고 말씀드리는 건 여성에게 선거권이 주어진 보통선거, 성인 여성들이 차별받지 않고 선거를 할 수 있게 된 게 대개 40년대라 그렇습니다. 전 세계적으로 2차대전 이후입니다. 한국은 그 점에서는 굉장히 빨라요. 프랑스하고 몇 년 차이가 안 납니다. 스위스보다도 우리가 빨라요. 스위스는 여성한테 참정권이 주어진 게 1972년인가 그럴 겁니다.

지금 생각하는 대의 민주주의 체제라는 건 대개 1940년대에 만들어진 체젠데, 그때와 비교해 본다면 경제 수준, 교육 수준, 그리고 인권 의식 이거 엄청나게 변했습니다. 그리고 특히 놀라운 것은 정말 따라갈 수 없을 정도로 과학 기술이 향상되었습니다. 인터넷 부분에서는 한국이 세계 최강 아닙니까. '아프리카(실시간 인터넷 방송)' 같은 걸 상상이나 했습니까. 와이브로 기술 갖고 노트북 하나와 캠코더 마이크 하나 들고서 그걸로 방송을 해서 몇백 만 명이 집에 앉아서 시청을 할 수 있는 시대입니다. 촛불 집회 못 나오는 사람들도 〈오마이뉴스〉든 〈칼라TV〉든 채널 하나 켜 놓고 집에서 촛불 시위 현장을 지켜 보고 있습니다. 이런 놀라운 기술 변화, 이런 것들을 현재의 대의 민주주의 제도가 감당을 하지 못하고 있는 거죠. 최장집 선생님이 대의 민주주의로 가야 한다, 정당 민주주의로 가야 한다는 말씀이 원론적으로 저는 틀리지 않다고 생각을 해요. 맞다고 생각을 하는데 그러나 현재의 대의 민주주의가 지금 받아들일 틀을 못 갖고 있거든요. 이걸 바꿔야 합니다. 이걸 바꿔야만 대의 민주주의로 수렴이 되죠. 우리는 그 점에 관한 한 대한민국이 거리의 정치를 통해서 굉장히 많은 실험을 하고 있다고 생각합니다.

1987년에도 해 보고. 근데 1987년에 깨진 건 우리 잘못이 크죠.

2002년, 2004년을 거쳐 2004년도에 국회에서 열린우리당을 다수당으로 만들어 줬는데, 그렇게 좋은 국회 만들어서 줬는데 이거 영 아니었거든요. 그러면 지금 우리는 어떻게 해야 되느냐. 대의 민주주의에 대한 해답을 저도 갖고 있진 않습니다. 몇십만 명이 촛불 집회에 모여서 의사 결정을 모든 사람들이 거기서 할 수는 없을 테니까 대의 민주주의로 가야 하는 것은 불가피할 겁니다. 그러나 이 간극을 어떻게 메울 것이냐, 여기서 새 모델이 필요합니다. 저는 지금 한국이 새 모델을 만들기 위해 촛불의 힘을 갖고서 세계 민주주의에 새 역사를 쓰고 있다고 봅니다. 지금 한국은 촛불 집회라는 아주 특이한 형태를 통해서 아주 한국적인 형태를 통해서 새로운 실험을 하고 있는 중입니다. 이 실험은 어쩌면 5년을 더 해야 할지 모릅니다. 아 5년까진 안 가겠네요. 한 4년 8개월. 전경들한테는 이거 약 올리는 게 될까, 위로가 될까 모르겠는데, 미안하다 니네들 제대할 때까지 계속하기로 했다고 합시다.(웃음)

지금 현재 전 세계의 대의 민주주의가 처해 있는 소통의 문제, 이것을 어떻게 해결해 낼 것인가, 이 촛불의 힘으로써 거기서 대안을 찾아야 하는데 이거는 하루아침에 찾아지는 문제는 아닐 것 같습니다. 그리고 저 같은 역사학자보다는 정치학이나 그런 쪽을 전공하시는 분들이 중지를 모아서 그걸 만들어야 할 텐데, 이런 것들이 제대로 만들어질 때까지 저는 절대로 촛불을 꺼서는 안 된다고 생각합니다.

그리고 우리가 한류, 한류 하는데 뭐 한류를 대중가요에서만 찾습니까. 이제는 한국이 이 거리 투쟁의 경험을 갖고, 열악한 조건 속에서 정말 숱한 기회를 놓쳐 가면서 여기까지 그래도 민주화를 끌고 온 그 경험과 힘을 갖고 민주주의에서의 한류를 만들어 내야 할 그런 단계에 놓여 있다고 생각을 합니다.

열심히 사는데 왜 우린 행복하지 않을까?

사다리 질서
걷어차기

강수돌

"노동자들도 부자처럼 살게 해 줘요"와 같은 요구는 냉철히
보면, 미래의 전망이 없는 잘못된 욕구예요. 그리고 "일자리
늘려 주세요" 하는데, 도대체 '어떤' 일자리인지가 중요해요.
사람과 자연을, 공동체를 살리는 일자리여야 하는데 생산성이
라는 이름 아래 자연과 공동체를 파괴하는 일자리를 아무리
늘려 봐야 소용없지요. 오히려 늘리면 늘릴수록 망가집니다.
아이들 미래가 없어집니다.

사다리 질서 걷어차기

여러분, 정말 반갑습니다. 평소에 우리는 끊임없이 행복한 삶의 조건과 방법에 관한 여러 내용들을 되새겨 보고 이웃, 친구와 함께 토론해 나가는 그런 문화를 많이 만들어야 한다는 생각을 합니다.

제 이야기의 실마리를 끄집어내기 위해 어리석은 질문을 하나 던질게요. 여기 대부분 어른들인데 직장이나 학교에 나가시죠. 아침마다 삶을 느긋하게 시작하십니까? 바쁘게 시작하십니까? 우리 대부분은 날마다 바쁘게 시작하고 또 다음날 해가 뜨자마자 바쁘게 떠나고 하는데, 직장에 가거나 학교에 가서 또 하루 종일 바쁘죠. 그런데 우리가 이렇게 바쁘게 사는 이유가 뭡니까? 매일 시간에 쫓겨서 바쁘게 사는 궁극적인 이유는 무엇입니까?

먹고살려고요? 예, 맞아요. 일단 소박하게 출발해 보죠. 그런데 오늘 하루만 때우면 됩니까? 그렇게 내일도 또……. 그런데 궁극적으로 우리가 추구하는 건 뭐지요? 바로 행복이죠. 우리가 열심히 살아가는 게 행복 때문이라는 말에 토를 달거나 반론을 제기할 사람은 없죠.

근데 그 다음 단계로 과연 어떻게 하면 행복해질까, 하고 물어보면 사람마다 천지 차이가 생기겠죠. 우리가 신촌 현대백화점 앞에서 1000명에게 물어보죠. 1000명에게 물어봤을 때 70~80퍼센트 이상의 사람들이 나는 이렇게 되면 행복해질 거야, 하고 말할 텐데, 뭐라고 대답하겠습니까? 예, 맞아요. 70~80퍼센트가 돈이 많으면 행복해질 거다, 그렇게 생각하겠죠. 솔직히 어디 70~80퍼센트뿐이겠습니까?

자, 그러면, 돈 많이 벌어서 어떻게 행복해진다는 걸까요? 까놓고 이야기하면, 남부럽지 않게 많이 소유하고, 남부럽지 않게 많이 소비하면 행복해진다, 그런 이야기죠. 그렇게 돈 많이 벌려면 무슨 직장을 가야 할까요? 일류 직장을 가야지요. 또 일류 직장 가려면 일류 대학을 가야지요. 일류 대학을 가려면 어떻게 해야 돼요? 결국은 바로 지금 공부를 열심히 해야 된다, 그러니까 70~80퍼센트 이상의 대부분 사람들에게 모든 결론은, 공부 열심히 해서 좋은 대학 가서 좋은 직장 구해 가지고 돈 많이 벌어서 많이 소유하고 많이 소비하면 행복해진다, 이런 인생철학으로 날마다 바삐 살고 있죠.

왜 현실은 '행복'보다 '스트레스'냐

자, 그런데 말이죠. 우리가 5천만 국민이라 하는데 5천만 국민의 70~80퍼센트가 그렇게 가고 있으면 5천만 국민의 70~80퍼센트까지는 아니라 할지라도 대다수의 사람들은 그렇게 해서 실제로 행복하다고 느끼면서 살아야 될 것 아니에요? 어디 현실을 한번 물어봅시다. 우리 현실이 과연 행복한가요? 현실을 냉정히 이야기해 보죠. 우리는 날마다 갈수록 행복감이 증가합니까, 아니면 스트레스가 증가합니까? 예, 일시적으로나 개인적으로는 행복감이 스트레스보다 클 경우가 있지만, 잠깐 느끼는 것 말고 더 보편적으로, 또 길게 보아 우리 사회가 갈수록 스트레스가 증대하지요? 참 이상하지 않아요? 우리의 70~80퍼센트가 이렇게 살아서 행복을 느끼면서 살면 좋겠는데, 왜 현실은 '행복' 보다 '스트레스' 냐 이거예요.

한마디로, '삶의 구조'가 문제이지요. 삶의 구조, 다시 말해 삶의 가치관과 삶의 제도 따위를 모두 아우르는……. 그래서 제가 여러분들께서 전혀 모르는 것을 새롭게 알려 드린다기보다 이미 우리가 대부분 알고 있는 '삶의 구조'를 뜯어봄으로써 이 삶의 구조 자체가 한마디로 '스트레스를 체계적으로 생산하는 구조'다, 그래서 우리가 소망하는 바와는 달리 날마다 스트레스가 증가한다, 그러니 삶의 구조를 바꿔야 스트레스가 아닌 행복감을 맛볼 수 있다, 이런 이야기를 여러분과 함께 '정리'해 보고자 합니다. 함께 정리를 해 봄으로써 도대체 이런 식으로 계속 열심히 살기만 한다면 우리가 행복해질 수 있는 것인가, 하는 것을 근본적으로 물어보자는 거지요.

사랑의 관점, 노동력의 관점

자 , 우리가 한평생을 살아가는 데 가장 많은 시간을 보내는 세 공간이 있죠. 뭡니까? 예, 가정, 학교, 직장이지요. 대부분 이 가정과 직장, 학교를 두루 거치면서 살지요. 우선 가정부터 얘기를 해 보겠습니다.

가정의 출발을 일단 아기라 생각해 봅시다. 우리 사회엔 아기의 탄생을 바라보는 두 가지 관점이 있죠. 어떤 관점이 있습니까? 첫째는 아기를 사랑의 결실로 보는 거지요. 키워드는 사랑입니다. 이 관점이야말로 인생을 참된 것으로 만듭니다. 예컨대, 우리가 자연스런 사랑의 결실로 아이를 낳고, 아이는 아무런 조건 없는 사랑을 듬뿍 받으면서 크고, 또 스스로 사랑의 주체가 되어 사랑하는 이를 만나 또 사랑의 결실로 아이를 낳고. 그리고 그 가운데 나만 사랑할 게 아니고, 그 사랑이 좀 옆으로도 흘러 이웃의 불행을 보살펴 이웃을 사랑하고, 고통받는 이웃과 사회를 생각하며 살아간다, 이렇게 사랑의 대물림으로 사회가 돌아가면 스트레스보다는 행복감이 넘치겠죠. 세상이 이렇다면 거기에 학벌이나 권력이 개입할 여지가 없겠죠. 오직 사랑할 수 있는 눈과 의지와 역량만 있으면 되는 거죠. 그래서 사랑의 관점이란 결국 사람으로 살아가는 인간 주체의 관점이죠.

근데 또 다른 관점이 하나 더 있어요. 뭘까요? 아, 돈이라구요. 예, 좀 웃기긴 하지만, 돈의 관점. 과연 이 아이가 돈이 될 아이인가, 아닌가? 좋은 말씀입니다. 그게 바로 다른 말로 하면 노동력의 관점이죠. 그것도 제2세대 노동력의 관점……. 근데 처음부터 그렇게 생각하는 부모는 없습니다. 사실 노동력의 관점은 누구의 관점이에요? 인간 주체의 관점입니까, 아니면 돈벌이 시스템의 관점입니까? 시스템의 관점이죠. 왜 사람이 아닌 시스템의 관점일까요?

자, 우리 모두가 제1세대 노동자라 해 보죠. 우리가 길게 살아봐야 몇 년 삽니까? 길어 봐야 100년이죠? 근데 이 자본주의 시스템은 100년 지나 소멸하려고 하지는 않죠. 천년만년 가고자 하죠. 그래서 우리 모두 100년 뒤 자연으로 돌아가고 나서라도 자본주의는 사람을 필요로 하죠. 이게 문젭니다. 자본주의엔 크게 두 종류의 사람이 필요하죠. 첫째, 상품을 만들어 줄 사람, 노동자죠. 둘째, 상품을 사 줄 사람, 소비자가 필요하죠. 그래서 노동자와 소비자를 자꾸 만들어 내야 자본주의가 잘 돌아가죠. 맞습니까? 이건 누가 봐도 진리죠.

굳이 말하자면 자본주의에 필요한 인간은 이 두 가지밖에 없죠. 그러니까 여기에 노동력이라고 써 놨지만, 사실은 노동자로서의 노동력과 소비자로서의 모습이 같이 합쳐져 있는 거예요. 그래서 요즘 우리가 아이를 적게 낳는 세대가 오니까 나라가 걱정을 해 주죠. 진정으로 각 가정마다 사랑이 모락모락 싹트지 않는다고 그렇게 오순도순 걱정을 해 주는 거예요? 아니면 앞으로 노동력이 부족할까 봐 걱정을 하는 거예요? (노동력이 부족할까 봐) 예. 그게 바로 시스템의 관점이에요. 복지국가라고 하는 것의 본질이 바로 여기에서 나오는 거예요. 복지국가 시스템이라고 하는 것은 한편으로는 사람들이 저항하고 아우성을 쳐서 '우는 놈 떡 더 준다'고 해서 떡 주는 경우도 있지만 크게 보면 시스템을 끊임없이 살리기 위한 과정이라는 거죠.

자, 여기까지만 보면 별로 문제도 없고 갈등도 없어요. 근데, 지금부터 문제가 발생합니다. 우리 사람들이 항상 주체의 관점, 사랑의 관점을 견지하고 살면 되는데, 이상하게 이 노동력의 관점을 우리가 사랑이라는 이름 아래 스스로 '내면화' 하게 되면서 문제가 커져요. 사람의 논리가 아닌 시스템의 논리를 우리 주체가 '내면화' 한다……. 이게 과연 어떤 의미일까요?

노동력의 사다리 질서

자, 우리가 이 사다리 질서 그림을 보면 약간 갑갑해지기 시작하죠? 학교, 직장, 사회 전체, 그리고 세계 전체에는 이렇게 눈에 안 보이는 질서가 있습니다. 학교에서 사다리 질서라고 하면 어떤 것입니까? 점수의 질서죠. 직장에서는요? 직급 내지 지위죠. 사회 전체는? 예, 소득, 계층(계급) 내지 사회적 지위죠. 또 전 세계는 선진국, 중진국, 후진국 등 이렇게 사다리 질서로 되어 있습니다.

자, 우리가 아기를 처음 잉태하면 아기에게 뭐라 그러죠? '아가야, 너는 엄마 아빠보다 더 훌륭한 사람이 돼야지'라고 하죠. 다 훌륭한 사람

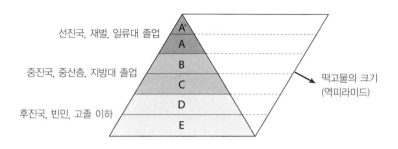

선진국, 재벌, 일류대 졸업

중진국, 중산층, 지방대 졸업

후진국, 빈민, 고졸 이하

떡고물의 크기
(역피라미드)

A⁺
A
B
C
D
E

이 되기를 원하는데 그 '훌륭함'의 내용이 뭘까요? 아가야, 너는 엄마 아빠가 비실거리며 이렇게 현실에 타협하면서 살지만, 너는 불의에 타협 않고 세상을 적극 바꾸는 사람이 되어야 해, 이런 식으로 생각하는 부모가 있을까요? 별로 없지요. 대부분 어떻게 생각하나요? 아가야, 엄마 아빠는 여기(사다리 그림을 가리키며) 'C'에서 뻥이 치고 있지만 너는 열심히 해 가지고 'A'로 올라가야 해. 이런 식이지요. 바로 이것이야말로, 아이를 사랑하는 마음에서 출발했지만, 그게 현실에서는 노동력의 사다리 질서 속에서 더 높은 데로 올라가야 한다고 보는, 시스템 관점의 내면화라는 것이지요. 어른들 스스로 이미 노동시장에 몸을 담고 있으니까 높은 이는 높은 대로 좋은 줄 알고, 밑에 있는 이는 밑에 있는 서러움을 온몸으로 체험하기 때문에 자기 새끼만큼은 더 높이 올라가기를 바라는 게 모든 부모님의 간절한 소망이죠? 바로 이게 '내면화'란 겁니다. 그러니까 아가야, 엄마 아빠는 고등학교를 나왔는데, 너는 대학을 나와라, 아가야, 엄마 아빠는 대학을 나왔는데, 너는 대학원을 나와라, 늘 이런 식이죠. 그래야 부모보다 아이가 더 행복할 것 같으니까요. 그래서 태교에 들어갑니다. 아가야, 7시부터 9시까지 영어 테이프를 듣자. 9시가 되면, 아가야, 좀 피곤하지, 이제 모차르트 한 시간만 듣자. 아기가 뱃속에서부터 헷갈리기 시작합니다. 11시가 되면 아가야, 요즘 중국어 안 하면 못살아, 중국어 테이프 돌리죠. 그러니까 아기는 이미 뱃속에서부터 태교를 받으면서 스트레스를 받기 시작합니다.

아기가 태어났습니다. 아기가 태어나면 큰 문제가 발생하죠. 엄마와 한 몸을 이루고 있다가 분리가 되고 나면 어떤 문제가 발생합니까? 의사소통에 문제가 생기죠? 한 몸일 때는 엄마의 욕구가 아이의 욕구고, 아이의 욕구가 엄마의 욕구인데 떨어지고 나면 아기가 자기 욕구를 표현하는 방법이 뭡니까?

주로, 울죠? 울 때 어떤 욕구를 표현합니까? 배고프다, 쌌다, 졸립다, 아프다, 무섭다, 춥다, 안아 달라는 그런 욕구들을 아이가 표현합니다. 그런데 시도 때도 없이 배고프다고 말하면 부모는 어떻게 하겠어요. 어른들은 밥 먹을 때가 지났고, 자야 하는데 안 자면 아가야 귀엽지, 귀엽지 하다가 며칠 좀 쌓이면 목소리가 커지겠죠? 아기의 욕구를 있는 그대로 들어주는 부모는 잘 없습니다. 때로는 짜증이나 화를 냅니다. 그렇죠? 심하면 폭력이 나오죠. 갑자기 아기는 생명의 위협을 느낄 때가 있습니다. 우리는 다 잊어 버려서 모릅니다. 제 이야기를 통해서 간접적으로 기억을 더듬어 보십시오. 아이가 생명의 위협을 느끼면 어떻게 생각하겠어요. 잘못하면 내가 이 세상에 존재하기가 힘들겠구나. 부모님의 눈치를 잘 봐야지, 이쁜 짓하라고 그럴 때 이쁜 짓하고 부모가 원하지 않을 때는 내가 요구를 하면 안 되겠구나 하고 적극적으로 배웁니다.

아이들이 의지가 없는 게 아닙니다. 의지가 있어요. 삶의 욕구는 엄청나게 강하고, 그 삶의 생존 전략을 스스로 만들어 냅니다. 그래서 생존 전략으로써 눈치 보기를 배웁니다. 눈치 보기, 이게 생존 전략의 소산입니다. 어른만 있는 게 아니라는 거죠. 이것은 다른 말로 하면 내 자신의 욕구를 있는 그대로 표현하고 그 욕구를 건강하게 충족시키는 자율성을 배우기보다는 자율성이 망가지는 과정입니다. 타자의 욕구에 빨리 부응해요. 우리는 왜 어릴 때부터 공부 잘해서 부모님께 효도하려고 노력했을까요. 그게 바로 부모님의 욕구에 우리의 삶을 맞추어 오는 과정이었어요. 그걸 다시 풀어야 해요. 그래서 공부 못했다고 해서 불효라고 생각하지 마십시오. 그리고 공부 잘했다고 효도했다고 생각할 필요가 없어요. 이 사회의 누군가에게는 피해를 줬을 수도 있어요.

그래서 바로 이 과정이 아이가 자기 욕구를 건강하게 표현하고 충족시키는 과정이 아닐진대, 말은 못 하지만 그 스트레스가 은연중에 울음으로 표현되어 나옵니다. 이 울음은 다른 종류예요. 내 욕구를 표현하는 울음이 아니라, 뭔가 세상에 대한 좌절감의 표현이기도 했던 거예요. 그런 게 우리들 속에는 마음의 상처로 녹아 있어요. '트라우마' 라고 도 하지요.

그 다음에 이제 좀 커서 어른의 입장에서 우리 가정을 보죠. 원래 오 리지널 가정의 이미지는 새의 둥지죠, 사랑의 보금자리. 그런데 오늘날 우리 가정은 버스 정류장으로 바뀌고 있어요. 제가 1분짜리 영화를 만 들겠습니다.

시골 길에 가면 하얀 버스 정류장이 있지요. 이 버스 정류장에 버스 가 한 대 옵니다. 엄마가 쇼핑해 무거운 짐을 가지고 내립니다. 버스 정 류장에는 잘 가동되는 냉장고가 하나 있습니다. 엄마는 먹을 것을 냉장 고에 집어넣고, 다음 차를 타고 떠납니다. 또 다음 차가 옵니다. 아이가 내립니다. 가방을 들고 내린 후 냉장고를 열고 라면도 끓여 먹고, 빵도 발라 먹고, 또 다음 차를 타고 학원으로 떠납니다. 또 다음 차가 하나 옵니다. 아이가 내려 가지고 뭔가 챙겨 먹으려고 하는데 엄마한테서 휴 대폰이 옵니다. 아가야, 너 학교 잘 갔다 왔니? 맛있는 거 챙겨 먹고 학 원 갔다 와. 엄마 아빠는 바쁘니까 밤 12시 되면 집에 들어갈게, 하고 영화가 끝나죠. 이 버스 정류장에는 간이 의자 하나와 냉장고가 하나 있는 거죠. 그래서 가족들이 오며 가며 챙겨 먹고 빨리 떠나는 중간 기 착지, 우리 가정이 이렇게 변하고 있어요. 우리 가정이 오순도순 둘러 앉아서 삶의 희로애락을 나누고, 오늘의 슬픔을 내일의 희망으로 바꾸 기 위해서 사랑이 꿈틀거리는 공간이 아닌 지 오래 되었죠. 우리 가정이 이렇게 변해 가고 있습니다. 이 부분을 가만히 생각해 보면 웃기는 거죠.

자, 바로 여기서 잠시 소풍을 가겠습니다. 사다리 질서의 근본 한계 세 가지만 살펴보죠. 첫째, 모든 부모는 그 아이가 자신의 위치보다는 조금이라도 더 높은 곳으로 가기를 바란다고 했는데, 자, 모든 아이가 A 나 B로 올라갈 수 있을까요? 안타깝지만, 없죠. 그런데도 모든 부모는 과외나 학원만 잘 보내면 자기 아이들이 모두 A나 B로 올라갈 수 있다 는 '환상'을 갖고 있죠. 그래서 더욱 뼈 빠지게 일해서 돈을 더 벌고자 하는 거지요. 그래서 첫째 문제는 모두 다 사다리의 높은 곳으로 올라 가고자 하지만 모두 그럴 수는 없다는 근본 문제가 있다는 겁니다.

둘째는, 부모들은 아이들이 높이 올라가기를 바라는데, 올라가면 뭐 가 좋지요? 예, 누릴 수 있는 게 많지요. 그게 바로 '떡고물'이란 겁니 다. 다른 말로 '기득권'이라 하지요. 그래서 사다리 질서 뒤에는 또 다 른 역 사다리가 숨어 있습니다. 한마디로, '떡고물의 사다리'입니다. 사 다리 질서는 아래가 넓고 위가 좁지만, 떡고물의 사다리는 아래가 작고 위가 크지요. A나 B에 오르면 자기가 만들어 낸 것도 있지만 가만히 있 어도 절로 굴러오는 떡고물이 많아요. 사과 상자, 굴비 상자도 들어오 고……. 까놓고 말하면 그렇죠? 자, 그런데 이 떡고물이 하늘에서 떨어 집니까, 땅에서 솟습니까?

밑에 있는 사람들(E)은 조그만 수박 쪼가리 같은 것을 먹고 살려니까 힘이 듭니다. 이 사람들(E)은 위로 올라갈 수 없죠. 그렇죠? 이걸 희생물이라고 하죠. 누가 희생당하는 거예요? 남성보다는 여성. 저 자신도 그래요. 제가 여기에 강의를 나오려면 제 아내가 희생해야 됩니다. 정규직보다는 비정규직, 도시보다는 농촌, 고학력자보다는 저학력자, 혹은 저기술, 또! 한국인보다는 이주노동자, 그리고 건강한 젊은이보다는 장애인, 노인, 어린이 같은 이른바 사회적인 약자, 인간보다 자연 전체가, 나라로 따지자면 선진국과 중진국보다 후진국 혹은 저개발국이 희생당하고 있어요. 이런 역사다리의 불편한 진실이 있는 거죠.

그 다음 세 번째, 이 자리(B나 C)를 유지하고자 하는 사람은 주위 사람하고 친하게 잘 지내야 할까요, 치열하게 경쟁해야 할까요? 독일 말에 '팔꿈치 사회Ellenbogengesellschaft'란 말이 있습니다. 팔꿈치로 다른 사람을 밀쳐야 내 존재가 드러나는, 경쟁과 분열의 사회를 말하죠. 이 사람(B, C)들은 계속 자기 자리를 유지하려 할까요, 올라가고 싶어 할까요, 아니면 저 낮은 곳으로 임하고 싶을까요? 당연히 올라가려 하죠. 올라가려 한다면 어떻게 살아야 하죠? 윗사람한테 늘 바른말 하고 줏대 있게 살아야겠습니까, 아니면 충성하고 아부해야 되겠습니까? 명백하죠. 그리고 아랫사람한테는 무한정 친절해야 되겠습니까, 아니면 친절한 척하면서도 갈구어야 하겠습니까? 그래서 '갈비 변증법'이 나옵니다. 아래로는 갈구고, 위로는 비비고……. 그러면서 갈수록 그 기법이 더욱 교묘히 발전하고…….

예컨대, D나 C 위치에 있던 사람이 아래로 갈구고 위로 충성해서 드디어 B나 A로 올라가면 '이제 나의 꿈을 모두 달성했으니 이제부터는 정말 진리, 정의, 자유, 평등을 추구하면서 살아가겠노라' 고 선언합니까? 안 하죠. 더는 오를 데 없는 최고 우두머리는 어떻게 합니까? 눈에 보이진 않지만 이 우두머리를 짓누르는 논리가 있죠? 그게 무슨 논리예요? 무한대를 추구하는 돈벌이 논리. 이제 우두머리의 논리가 바로 우리의 논리로 됩니다. 한도 없이 많이 벌고자 하는 논리……

기업의 경영자를 생각해 보세요. 우리 기업은 매출을 100만 달러를 달성했으니, 이제는 그만하자, 이 정도만 해서 우리 행복하게 살자, 이런 기업은 없지요. 100만 달러를 달성했으면 그 다음 목표는 150만 달러죠? 그 다음 목표는 200만 달러, 끊임없습니다. 만족이 없죠. 한 단계 더 들어가 보면 이 이윤의 논리에 모든 사람들이 투자를 하고 있습니다.

우리가 은행에 저축을 하고 주식을 사는 게, 결국은 돈 많이 벌어 주세요 하는 것 아닌가요? 그런데 바로 이 투자 기금, 자본이 결국은 이 사다리 질서 속의 모든 사람을 짓누르고 있죠. 그래서 우리 삶의 실존에 대해 갈 데까지 다 가 보면 바로 우리가 우리를 억압하는 구조 속에서 나도 억압자로 존재하고 있죠. 이것을 우리가 솔직하게 인정한다면 다르게 살 수 있는데, 이걸 자꾸 회피하면 끊임없이 올라가는 게임만 하다가 한평생 다 갑니다. 결국 평생 고생하고 남는 것 하나, 자기 자식만큼은 한두 단계 올려놓고 가는 것, 그게 우리 인생의 성적표입니다.

이게 결국 무슨 논리죠? 바로 노동력 관점으로 인생을 바라보는 관점 아닙니까?

또 다른 스트레스의 생산 현장, 학교

자, 이제 '학교'로 가보죠. 학교 하면 가장 먼저 떠오르는 단어가 뭡니까? 예, 시험이죠. 여러분들 시험 치기 전에 정말로 기뻤습니까, 아니면 공포에 떨었습니까? 부담이 됐지요? 사람에 따라 다소 다르지만, 어쨌든 시험은 공포의 대상이죠.

여러분들, 어른이 된 뒤 학창 시절에 쳤던 시험 문제 중 몇 개나 외우고 있습니까? 기억 안 나죠? 기억 안 하고 싶죠? 다 까먹었죠? 옛날에 공부 잘했던 사람이나 못했던 사람이나 다 까먹죠? 근데 공부 잘한 사람과 못한 사람은 분명히 있었단 말이에요. 그거 가르는 핵심이 뭐예요? 공부 잘하는 사람은 시험 치고 나서 까먹었던 사람이구요, 공부 못한 사람은 시험 치는 전날까지 까먹은 사람, 그거 아닙니까? 한마디로, 기억력 테스트하는 거지요.

제가 쓴 책 《나부터 교육혁명》에 옮겨 놓은 에피소드가 하나 있죠. 미국 백인 학교에 아메리카 인디언 자녀들이 전학을 왔어요. 몇 개월 공부한 뒤 선생님이 "얘들아, 시험 칠 준비해라" 했죠. 백인 아이들은 전부 옆에 가방을 올리는데 인디언 아이들은 둥그렇게 앉아요. 얘들아,

너희들 시험 칠 준비 않고 왜 둥그렇게 둘러앉느냐? 그랬더니 "선생님, 저희들은 어릴 적부터 어려운 문제가 있을 때마다 협동해서 풀라고 배웠는데요"라고 하지요. 바로 이것 아니겠습니까? '팔꿈치 사회'에서 자기만의 경쟁력을 높이기 위한 것이 아니라 우리가 참되게 살아가는 데 직면하는 문제들, 이런 것을 어떻게 하면 지혜롭게 풀어낼 것인가, 이런 게 시험문제가 되어야 인생을 살아가는 데 도움이 되죠. 근데 지금까지의 시험문제란, 한마디로 삶에 별 의미 없는 것들에 대한 기억력 테스트, 그러니 대부분의 사람들에겐 시험은 고통의 순간들이죠. 자, 그래서 근본적으로 다시 생각해야 합니다.

그리고 시험 치고 나면 또 스트레스 과정이죠? 점수에 따라 말입니다. 점수가 A수준에 있는 아이들은 어떤 스트레스를 받습니까? 부모님이나 선생님들한테 스트레스를 받기도 하지만, 자기가 자기를 갈구는 게 가장 크죠. 셀프-스트레스죠. 어떻게요? 다음엔 꼭 10등 안에 들어야지. 또 다음엔 3등⋯⋯. 자기가 자기를 갈구면서, 심하면 눈에 성냥을 끼워 가면서, 밖에 나가 억지로 세수해 가면서 하죠. 그 아래의 C, D수준 성적 받은 아이들은 어떤 스트레스를 받나요? 예, 이른바 '사랑의 매'와 점수 사이엔 일정한 상관 관계가 있죠. 사랑의 매가 많아질수록 성적도 어느 정도는 올라갑니다. 바로 이것 때문에 전국의 많은 선생님들이 사랑의 매를 애용하지요. 부모들도 그런 걸 원하고요. 그래서 많은 학생들이 사랑의 매라는 '물리적 스트레스'를 받습니다. 맨 마지막

엔 E 수준의 아이들도 있습니다. 이 애들은 선생님이 앞에 나오라 하긴 하는데, 그냥 어서 들어가라고 해요. 왜 그럴까요? 한마디로, 인건비가 안 나오거든요. 그래서 빨리 들어가라는 겁니다. "애들아, 튼튼하게만 자라다오." 이런 거지요. 그런데 이 애들은 매도 안 맞고 좋다고 춤추면서 들어가긴 했는데, 가방 메고 집에 갈 때 어떤 생각을 할까요? 선생님도 나를 버리다니, 나는 정말 인생을 살아갈 가치가 있을까? 이런 비참함을 느끼지 않을까요? 그래서 단순한 스트레스를 넘어 심각한 '마음의 상처'를 받는 거죠. 심하면 인생의 모든 면에서 의욕을 잃어 버려요. 내 존재 가치를 못 느낄 때가 있죠.

물론 뜻밖에 '줏대' 있는 아이들이 있죠. 오히려 선생님을 욕하면서 "그래, 두고 봐라, 내가 공부 좀 못한다고 내 인생을 그렇게 함부로 생각했지? 나는 나중에 ○○이 되어 끝장을 볼 거야." 이런 식으로 인생을 좀 달리 생각하고 줄기찬 자신감으로 살아가는 애들도 가끔 있죠. 저는 이런 식의 '깡다구 있는 날라리'가 필요하다고 봐요. 그래서 우리 사회는 '반쪽의 범생이'와 '반쪽의 날라리'가 필요하다고 봅니다. 우리 사회는 너무 온전한 범생이를 요구하다 보니까 사다리를 충실히 올라가다 인생 볼 장 다 본다는 겁니다.

공부, 진짜 즐거운 공부, 행복한 공부는 뭐겠습니까? 하루하루 새롭게 깨우치고, 뭔가 새로운 것을 알아 가는 기쁨이 있고, 점수에 무관하게 정말 내 내면을 발견하고, 심화시키고, 확장하고, 또 더불어 살아가는 것의 가치를 느끼고 세상을 새롭게 알아가는 것의 기쁨을 맛보는 그런 것이 아니겠어요?

자, 그럼 진짜 공부는 언제 해야 됩니까? (청중: 하고 싶을 때요.) 그러면 언제가 진짜 하고 싶을까요? 초, 중, 고, 대 중에서 언제 제대로 공부를 해야 합니까? 대학 가서 진짜 공부해야지요. 그런데 우리나라는 중, 고등까지 완전히 배추에 간 절이듯 애들을 죽여요. 다음날 되면 확 사그러들죠. 그래 놓고 '제발, 대학 가서 놀아라' 합니다. 아니, 정작 공부해야 할 대학에선 놀라고 하니, 이런 나라가 미래가 있겠습니까? 그리고 공부의 출발점이 뭐예요? 애들아, 땅 파고 살지 않으려거든 공부해라, 즉 농부가 되어 땅 파고 살지 않기 위해 공부를 열심히 하라는 거예요. 공부하는 목적이 농부가 안 되기 위해, 농촌에 안 살기 위해……. 이래 갖고 뭐가 되겠습니까? 농촌 망하고 농민을 죽여도, 달러만 잘 벌어들이면 잘사는 나라가 된다고 하는 나라 정책이 얼마나 엉터리입니까? 그런데 점수로 딱 재어 가지고 매질한다든지, 점수 좋으면 복도에 이름 걸어 준다든지, 이런 게 다 은연중에 거기에 못 들어가는 사람에 대한 폭력이기도 하거니와 내 자신의 인생을 그 점수에 걸게 한다는 점에서 내 인생의 다른 면을 못 보게 하는 점에서 맹목적으로 만드는 폭력이라 할 수 있죠. 다시 한번 되짚어 볼 필요가 있는 대목이죠.

공부가 즐거우려면 시험 (상대 평가) 제도가 없어야 해요. 그리고 졸업장 제도라고 하는 게 이미 사회적으로 사다리 질서화되어 있기 때문에 이미 내가 어디에 가서 배우느냐가 자신의 모티베이션(동기 부여)을 결정 짓습니다. 이를테면 일류 대학에 갔다면 대충 개겨도 졸업장만 따면 된다. 또 하위 대학에 갔다고 하면, 나는 열심히 해 봤자 소용없다, 이렇게 돼요. 인품이나 실력을 보기보다 졸업장이나 성적표를 보는 사회에선 진정한 내면적 동기 부여가 거의 불가능하지요.

제대로 '자아 발견'을 도우려면 어떻게 해야겠어요? 정말 네가 살고 싶은 모습은 뭐냐고 물어야지요. 음, 초등학교 땐 시인이 되고 싶었구나. 지금 중학교 때도 시인이 되고 싶니? 아, 그래, 시인이 되고 싶다면 충북 속리산 기슭에 가면 도 무슨 시인이 있는데 그분한테 가서 좀 배우고 오너라. 또 평소에 이런 시집을 읽어 보렴. 평소엔 이런 사이트도 자주 방문해 보렴. 네가 혹시 시를 쓰거든 발표를 해 보렴. 선생님도 좋은 책이 있으면 구해다 줄게. 이런 식으로 그 아이의 욕구와 소망에 맞춰 지도하는 선생님이 필요하지요? 학교라는 공간이 뭐 하러 가는 거예요? 내 내면이 성장하고 성숙하려고 가야 하는 것이지 이 사회가 필요로 하는 노동력이라는 부속품이 되기 위해 가면 안 된다 이겁니다.

야간 자율 학습 이야기를 해 보죠. 야간 자율 학습을 진짜 '자율적'으로 하셨던 분? 별로 없죠. 있기는 있는데 별로 없어요. 야간 자율 학습을 안 하고 집에 가면 선생님이 뭐라고 그래요? 야, 너 왜 도망가니? 이러죠. 자율 학습 안 하고 집에 가는데 왜 '도망간다'고 그래요? 학교가 무슨 감옥이고 내가 죄수야? 왜 도망간다 해요? 어떨 땐 부모님 오시라 그래요. 집에 가서 쉬겠다는데 왜 부모님을 오시라 그래요? 이 야간 자율 학습을 '야간 타율 학습'이라 하면 안 되나요? 정직하지 않아요. 스트레스 받지요. 그리고 이것이 가지고 있는 두 번째 문제는 굉장히 심각합니다. 밤늦도록 도서관에서 밤 11시까지 공부하고 별 보면서 나오면 뿌듯하죠? 그런 게 몇 년 쌓이다 보면 저녁 늦게 나올 때 마음이 편할까요, 일찍 집에 가서 놀고 있을 때 마음이 편할까요? 그래서 토요일이나 일요일에 집에서 놀기보다는 일단 학교나 독서실에 가방을 갖다 놓고 놀아야 마음 편하게 놀지요. 알리바이를 만들어 놓고 노는 것, 그래 놓고 나중에 밤늦게 가방을 들고 나와야 마음이 편해요. 공부를 했든 안 했든 중요하지 않아요. 남들이 보기에 열심히 한 것 같고, 자기 자신에게도 열심히 한 것 같다고 '자기기만'을 하는 거죠? 이게 일종의 공부 중독, 나중에 일중독을 조장하는 거죠.

파괴성 향상을 불러오는 생산성 향상

이게 실은 직장에도 이어집니다. 직장에는 야간 자율 학습 대신에 '야간 잔업'을 합니다. 노동시간을 아무리 제도적으로 단축해도 몸에 밴 습관이 달라지지 않으면 별로 바뀌지 않아요. 그래서 대부분 밤늦게까지 일하고 별 보며 퇴근하면서 '아, 나는 오늘도 한국 경제를 위해 엄청난 일을 하고 가는 거다.' 이렇게 혼자 중얼거리지요. 마치 학창 시절, 도서관에서 늦게 나올 때 가졌던 느낌하고 비슷한 거죠. 그렇게 해야 마음이 편하지, 집에 일찍 퇴근해서 책을 읽거나 〈작은책〉 이런 강좌에 참여하거나 하면, 뭔가 불안해요. 돈이 안 되거든요. 지금 이 강의도 오후 두세 시에 하면 아무도 안 오죠. 저녁까지 하루 종일 충실히 일하고 나와야 마음이 편하거든요.

또 아까, 학교나 가정에서 수험생이 차지하는 위상, 가사 노동이나 친인척 대소사로부터 '열외'가 되는 특권을 한번 봅시다. 성적과 점수를 중시하는 태도, 이게 나중엔 직장으로도 이어집니다. 어떻게 이어집니까? 점수를 중시하는 수험생 우대라고 하는 게 회사에서는 성과를 중시하는 일의 우대로 나타납니다. 예컨대, 모처럼 엄마 생신을 맞이해 온 가족이 오손도손 소박한 잔치를 열려고 합니다. 토요일 세 시입니다. 갑자기 토요일 한 시에 아빠한테 전화가 오죠. '여보, 내가 이번엔 꼭 참여하려 했는데, 월요일까지 마무리해야 하는 망할 놈의 보고서 때문에 내가 오늘 못 가겠네.' 이러면 엄마가 빨리 뛰어 오라고 그럽니까, 아니면 여보, 괜찮아, 그럽니까? 괜찮아, 하지요. 그리고 한술 더 뜨죠. 그래, 당신 모범사원상도 받았잖아. 우리 파티는 나중에 해도 되니까 회사 일이나 잘해요. 이런 겁니다. 삶에 있어 점수나 성과가 최우위를 차지하는 불균형 상태, 이걸 우리는 당연시하며 산다는 거지요. 모두가 옆에서 공범자로 추켜 줍니다. 이러니 말과는 달리 속으로 행복감이 커지겠어요, 스트레스가 커지겠어요? 성적을 중시하는 것이 성과를 중시하는 것으로 가는 거죠. 일과 삶의 균형이 부단히 깨집니다.

이제 가장 고통스럽지만 가장 핵심적인 얘기를 해야 됩니다. '생산성' 문제입니다. 자본주의 기업의 직장인들은 자나 깨나 생산성을 올려야 하지요. 생산성이란 뭡니까?

$$\text{생산성} = \frac{\text{산출 (생산량 또는 매출액)}}{\text{투입 (인건비, 원료비, 부품비, 설비비, 에너지비, 금융비 따위)}}$$

위 표는 투입분 대비 산출입니다. 뭐를 투입해서 뭐를 만듭니까? 자, 인건비가 들어가고, 원료비, 부품비, 각종 설비비, 에너지, 금융비 등, 모든 비용이 다 투입되고, 산출은 생산량 또는 팔았을 때 나오는 매출액으로 계산되죠. 자본주의 모든 기업은 경쟁력을 높이려고 생산성을 부단히 높여야 합니다. 회사 사장치고 '우리, 생산성을 낮추자'고 하는 사장님 없어요. 자본주의 기업의 모든 사장님은 다 생산성을 올리고자 하고, 그 사장 밑에서 밥 벌어먹고 살려면 전부 생산성을 올려야 해요. 생산성을 분수로 쓰고 보니까 올리는 방법은 세 가지가 나오겠죠.

첫째, 투입이 일정하다면 산출을 높여야 한다. 둘째, 산출이 일정하다면 투입을 줄여야 됩니다. 셋째, 가장 좋은 방법은 둘 다 동시에 하면 됩니다.

자, 우선, 우리 회사는 100단위의 투입을 해서 10단위의 고급스런 가구를 만들어 낸다고 해 보죠. 동일한 인건비, 원료비, 부품비, 설비비 등 동일한 비용을 들이고도 하루에 열 개 만들다가 옆 경쟁사에서 열한 개 만든다 하면, 우리는 열두 개 만들어야 하겠죠. 그러려면 어떻게 해야 됩니까? 동일한 인건비, 원료비 따위를 투입하고도 두 개 더 만드는 방법은? 예, 노동시간을 연장하면 되지요. 노동시간을 연장하는 데 애로사항이 별로 없지요? 학교 때부터 사회적 디엔에이DNA가 바뀌었잖아요.

늦게까지 공부하고 별 보며 나오는 것이 마음이 편안합니다. 일찍 집에 들어가면 오히려 불안해. 마음이 그런데다 50퍼센트 돈까지 얹어주니 얼마나 좋아요? 그러니까 열심히 동참합니다. 아무리 주 40시간제를 도입한다 해도 밤늦게 오는 것은 마찬가지죠. 단돈 50퍼센트 더 주는 것 때문만은 아니에요. 내가 소비 성향을 낮추거나 다르게 살아간다면 굳이 50퍼센트 더 안 받아도 굶지 않아요. 살아갈 수 있는데도 더 일을 해야만 즐겁고 잠깐이나마 만사 걱정을 잊어 버릴 수 있어요. 집안일에 합법적으로 무책임 할 수도 있어요. 그런 걸로 말미암아 노동시간 연장이 잘 먹혀들어 가고 있습니다. 자, 노동시간 연장 말고 다른 방법은요? 예, 동일한 여덟 시간을 한다고 하더라도 일을 어떻게 해야 두 개 더 만들어요? 일을 더 빡세게 해야지요? 이걸 뭐라고 합니까? 노동강도를 강화한다고 하지요.

그 다음 두 번째 방법은 동일한 산출에 투입을 줄이는 거지요. 분수위의 생산량은 10 그대로인데 밑의 투입을 70으로 줄이자, 이거예요.

자, 인건비부터 줄입시다. 예, 인원을 감축하죠. 또, 정규직 대신 비정규직을 쓰겠죠. 그 다음에 사람들을 그대로 두고도 임금을 동결하거나 사실상 깎지요. 비정규직을 쓰는 대신 이주 노동자를 쓸 수도 있죠.

그 다음에 원료입니다. 우리가 고급 가구를 생산하는 데 마호가니 같은 열대우림 지역에 나는 고급 나무가 필요합니다. 그 나무를 구하려고 갔더니, 그린피스 같은 환경 단체에서 지구의 허파를 보호하자며 투쟁하고 있어요. 그 사람들하고 싸워서 교섭해서 사 오는 게 싸겠습니까, 아니면 그믐날 밤을 이용할까요? 그믐날 밤에 전기톱 메고 올라갑니다. 원료를 무단 채취하는 거지요.

다음으로 설비비 한번 봅시다. 설비는 크게 두 가지가 필요합니다. 폐수나 폐유가 생깁니다. 정화를 할까요, 그믐날 밤을 이용할까요? 예, 비 오는 그믐날이 적기죠? 폐수나 폐유를 무단 방출합니다. 폐수나 폐유야, 자유롭게 잘 흘러가거라. 다음날 아침, 조간신문에 어느 강에서 물고기 수천 마리가 죽었다, 그렇죠?

다음으로 산업 안전 설비가 필요하죠. 산업 안전 설비란 쇠를 자르거나 프레스로 찍거나 하는 위험 공정에, 이를 테면 센서 같은 걸 달아서 사고를 방지하는 거지요. 이런 센서 설비는 비싸겠죠. 도입 안 할 가능성이 있죠. 근데 안 하면 산업안전보건법에 걸리기 쉽죠. 그래서 대부분은 도입을 합니다만, 전기 코드를 늘 꽂아 놓는 데도 있지만 빼는 데도 많지요. 그리고 단속 나온다 하면 꼭 전화를 해 주는 '친절한' 사람들이 가끔 있죠. 그래서 필요할 때만 꽂습니다.

노동부 통계상으로 보더라도 매일 240명이 산재 사고를 당하고 있어요. 한 시간에 10명씩 산재 사고가 일어납니다. 그리고 240명 중에서는 매일같이 10명씩 돌아가십니다. 뭐 하려고 갔죠? 행복하려고 일하러 갔는데, 일하다가 돌아가시는 분이 10명이죠. 그 10명 중에 2명 내지 3명은 과로사입니다. 과로사는 죽도록 일하다가 죽어 버리는 것입니다. 최근에 한국타이어 대전공장에서 1, 2년 사이에 15명인가 죽었죠.

마지막으론, 첫 번째와 두 번째를 동시에 하는 방법이 있죠. 가장 생산성 높은 방법이죠.

자, 그런데 우리의 원래 목적은 뭐죠? 예, 생존을 위해 '생산성'을 높인다는 거였죠? 그런데 차분히 그 내용을 뜯어 보니까 이게 과연 생산적이에요, 아니면 파괴적이에요? 노동시간 연장, 노동강도 강화, 인원 감축, 비정규직, 임금 삭감, 원료 무단 채취, 폐수 방류, 안전 설비 미비 등등. 불행히도 생산성 향상이 곧 파괴성 향상으로 이어지죠. 하지만 우리는 비겁하게 피하지 말고 '용감하게' 이것을 인정해야 됩니다.

노동자들도 부자처럼 살게 해 줘요?

안타깝게도 이것을 기본적으로 인정하지 않은 채 새 대통령을 뽑아 놨습니다. '경제를 살리자', 이러면서 말이죠. 앞으로 '747의 미션' 달성을 위해, 엄청난 생산성 향상을 위해 정말 엄청난 일을 해야만 할 텐데 도대체 무엇을 위해서 무엇을 살리자는 거예요? 경제를 살리자고? 무슨 경제를? 이제 우리 식으로 정리하면, '돈벌이 경제를 위해서 삶을 파괴한다.' 바로 이것 아닙니까? '돈의 생산성'을 위해 '삶의 파괴성'을 높인다고 하는 것, 바로 이것이 우리 자본주의 직장에서 경험하는 생산성의 본질입니다. 이 본질을 솔직히 인정한 다음에 새로운 출발을 하지 않으면 우리와 아이들의 미래는 없습니다. 그래서, '노동자들도 부자처럼 살게 해 줘요'와 같은 요구는 냉철히 보면, 미래의 전망이 없는 잘못된 욕구예요. 그리고 '일자리 늘려 주세요' 하는데, 도대체 '어떤' 일자리인지가 중요해요. 사람과 자연을, 공동체를 살리는 일자리여야 하는데 생산성이라는 이름 아래 자연과 공동체를 파괴하는 일자리를 아무리 늘려 봐야 소용없지요. 오히려 늘리면 늘릴수록 망가집니다. 아이들 미래가 없어집니다.

이 부분에서 진짜 고통스럽지요. 우리가 수십 년간 쌓아온 가치관이 거짓말인 게, 잘못된 게 드러나니까……. 많이 불편하지요. 눈을 감거나 도망가려 해도 아무 소용없지요. 솔직히 인정하고 정면으로 극복하려고 해야지요. 그러나 수십 년 간의 사회적 디엔에이DNA가 갑자기 변할 리 없지요. 그러니 오늘 하루저녁 사이에 다 마음을 새로 고쳐먹고 새로운 실천을 하긴 어렵습니다. 그걸 기대하는 것 자체가 웃기는 거지요. 그러나 오늘과 같은 자리가 계기가 되어서 앞으로 10년 동안은 하나씩 철저히 생각해 보시고, 그 다음 나머지 인생을 새롭게 꾸려 간다,

예전처럼 골방에서 몇 명이 앉아 혁명을 꿈꾸고 당장에 무슨 결단을 내고자 하는 그런 방식이 아니라, 답답하지만 넓은 세상과 편하게 마주하며 행복한 마음으로 하나씩 제대로 바꿔 나가자는 식으로, 이렇게 하면 그 다음에 희망이 조금 생깁니다. 물론 삶의 위기, 지구의 위기는 생각보다 더 다급하게 다가올지 모릅니다. 그렇다고 해서 너무 조급하게 덤빌 수도 없지요. 더디 갈지라도 제대로 가는 길을 찾아야 합니다.

처음에 시작할 때 키워드가 행복이었잖아요. 제가 말씀 안 드린 체제의 비밀을 하나 더 폭로하겠습니다.(웃음) 오늘 여러 가지 폭로를 많이 하는데, 굉장히 간단한 비밀이에요. 기득권 체제는 우리들의 행복을 끊임없이 유예시킵니다. '행복의 집행유예'를 끊임없이 반복합니다. 70년대는 80년대를 위해서 허리띠를 졸라매라고 그랬죠. 80년대는 90년대를 위해서 허리띠를, 90년대는 대망의 21세기를 위해서 허리띠를, 97년에는 '대' 망했습니다.(웃음)

그러고도 또 소득 2만 달러 시대를 위해서 허리띠 졸라매라 그러고, 지금 2만 달러 되니까 또 4만 달러 시대를 위해서 또 5년 내지 10년 동안 참아라 그러고, 끊임없이 행복을 뒤로 미루는 가운데 우리가 하나 남기는 게 있다면 자식 하나 남겨 놓고 가는 것, 그것 이외에는 인생에 없어요. 남기기도 쉽지 않죠. 뼈 빠지게 일하다가 뼈가 빠지니까. 그래서 우리가 어릴 때부터 내면화해 온 구호,

'오늘 할 일을 내일로 미루지 말라.'

오늘부터 떼내세요. 그 대신,

'오늘 행복을 내일로 미루지 말라.'

오늘 행복을 오늘 찾기 시작하면 체제는 빨리 허물어집니다. 그리고 오늘 행복을 오늘 찾기 위해서라도 나 혼자 노력해서는 안 돼요. 뜻이 맞는 사람들과 함께 어깨 걸고 나가야 됩니다. 서로 상처를 어루만지면서 격려하고 위로하는 것, 소통하고 연대하는 것, 이것이 대안의 출발점입니다. 다음에 만날 때 더 행복하게 만납시다.

질문과 답변

청중 앞으로 바라는 세상을 말할 때 현상들을 가지고 얘기하셨는데, 현상으로만 풀어도 되는 건지 아니면 어쩔 수 없이 체제라는 단어를 써야 하는 것인지 궁금합니다.

강수돌 우리가 살아가는 삶의 가치관이나 삶의 패턴과 더불어 체제(시스템)도 바뀌어야 하죠. 말하자면, 시장이나 권력의 체제가 아니라 우리가 자율적으로 만들어 나가는 어떤 공동체적인 원리, 그것이 필요하죠. 제가 좀 더 말씀을 드려야 하는데 안 드린 부분이 있어요. 예를 들면 가정에서부터 무엇을 바꿀 수 있을까요. 아이들을 보는 태도가 달라져야 하는 거죠? 아이들을 만나면

"공부 잘하니" 이렇게 물어보죠? 이미 사다리 질서 속에서 아이들을 바라보는 거죠. 올라가야 된다는 열망이 담겨져 있고 그게 사랑이라고 아는 거죠. 그게 아니라 직업에 관계없이 공평하게 대접을 받는 세상의 관점에서 아이를 본다면 '애야 너는 뭐가 재미있니?', '뭐하고 싶니?' 그리고 헤어질 때에도 '공부 잘하라'고 인사 안 하고, '네 꿈을 꼭 실현하렴, 네 꿈을 이루는 데 도움 될 만한 책을 다음에 갖다주마.', 이런 마음으로 인사를 주고 받는 게, 이 시스템의 논리를 내 몸속에서 극복해 내는 거죠.

그리고 그런 사랑의 마음을 가정에서 특히 자녀들에게 어떻게 표현해야 되겠습니까? 일류주의 강박증을 떨쳐버려야 돼요. 네가 아무리 말해 봐야 내 새끼만큼은 일류 대학을 가야 돼. 이런 마음을 하루에 10분만이라도 놓아 보십시오. 이거를 놓아야 돼요. 제가 《나부터 교육혁명》에도 인용하고 있는 에피소드지만, 아프리카 원주민들이 원숭이를 잡을 때 어떻게 잡습니까? 구멍이 뚫려 있는 고목나무에 바나나를 넣어서 원숭이가 손을 넣게 만듭니다. 원숭이가 바나나를 잡게 되면 바나나 때문에 손을 빼지 못해 잡히게 됩니다. 일류주의 강박증이라고 하는 것이 이 바나나와 같습니다. 우리나라 부모님들이 이 바나나를 잡고서 내 자식은 어떻게 해서라도 일류 대학은 가야 사람답게 살지 않겠어라고 생각하는 순간 손을 못 빼고 자기 인생도 거기에 묶입니다. 자기가 못 이룬 꿈을 아이에게 투사해서 은연중에 아이에게 압박을 가하죠. 내 못다 한 인생을 이루어 달라고 요구하고, 압박을 합니다. 그 표현 방식은 몽둥이를 들고 강압적으로 하는 부모님도 있지만 은근히 아닌 척하면서도 강요하는 부모들도 있습니다. 어쨌든 형태는 다양하지만 그렇게 가는 경우 아이 인생은 아이 인생대로 망치고, 자기 인생은 자기 인생대로 망칩니다. 고슴도치 예를 들겠습니다.

고슴도치 두 마리가 추워서 꽉 붙어요. 그러면 서로 찔러서 아야 하고 떨어집니다. 떨어져서 왔다 갔다 하다 보면 너무 추우니까 다시 붙고, 따가우니까 떨어지고 이러다가 따뜻함을 느끼면서도 찌르지 않는 일정한 수준을 유지할 수 있겠죠. 부모와 자녀의 관계도 이래야 합니다.

이걸 찾아야 됩니다. 집집마다 거리는 다를 수 있겠죠. 그러나 그 적정한 거리를 찾아야 니 인생은 니 꺼고, 내 인생은 내 꺼야. 그러나 니가 내 새끼니까 내가 일정한 책임은 져 줄게. 네가 고통스러워하거나 방황할 적에 내가 다양한 정보를 미리 찾아 주고 혹은 내 경험은 이랬어 하면서 같이 학습하거나 같이 나눔으로써 아이에게 도움을 줄 수는 있겠지만 아이 인생을 대신 살아 주려고 하거나 내 못다 한 것을 살아 달라고 하는 순간 폭력이 되는 겁니다.

두 번째, 우리 부모님들이 조급증을 버려야 됩니다. 아이들을 진정으로 사랑으로 대하자면, 다른 아이들보다 1년 늦는다고 해서 초조해할 필요가 없습니다. 다른 애는 빨리 가는데, 너 그래 가지고 이 세상 어떻게 살아가겠어라고 하면 안 됩니다. 그것 때문에 오히려 더 못 살아요. 목숨이 짧아집니다. 세 번째는 옆집 아줌마를 조심해야 됩니다.(웃음) 아무리 좋은 이야기를 듣고 좋은 책을 읽어도 옆집 아줌마와 커피 한잔만 하면 생각이 바뀌게 되죠. 그렇죠? 두 가지 이유 때문에 그래요. 첫 번째, '현실을 봐라, 현실을 보면 안 그래, 그건 이상주의자들의 이야기야. 현실과 동떨어진 저 하늘의 구름 잡는 이야기야, 그런 이야기 믿고 그게 옳다고 가지마.' 그렇게 얘기하죠. 그때 흔들리죠.

현실을 봐, 잘나가는 20퍼센트에 들면 기득권이 분명히 있어. 그렇죠? 편하게 살 수 있어요. 그러나 진정으로 행복한가라는 그 질문은 던지지 않고 이렇게 사다리 질서의 'A'가 되기를 바래요. 권력과 돈과 명예가 따라오니까 현실은 이거라는 거예요. 그런데 이걸 몰라서가 아니라 이것이 얼마나 허구적인 것이라는 것을 알기 때문에 내가 그렇게 안 살겠다고 이야기하는 것이 필요해요. 이웃집 아주머니는 좋다는 것만 알고 있는 수준이지요. 홍세화 선생님이 하는 말 중에 밑에 있는 사람은 이 체제 자체가 잘못됐다고 하지 않고 끊임없이 올라가려고 한다고 해서 '자기 존재를 배반하는 의식'을 가진다고 하지요. 사다리 질서의 'D', 'E'에 있는 사람들이 끊임없이 떡고물의 동경을 가지고 있고 'A'와 'B'에 있는 사람들은 자기 존재에 충실한 거예요. 떡고물이 많이 생기니까 이를 수호하고자 하는 거예요. 떡고물을 지키고자 하는 충실한 상층과 존재를 배반하는 하층이 결합이 되어서 이 체제는 유지가 되는 것입니다. 이것이 안 바뀌는 거예요. 그래서 아래쪽 사람들이 위쪽으로 올라가려는 욕망을 떨쳐버리고, 위쪽 사람들이 기득권의 허망함을 버려야 합니다. 이 두 가지가 맞물려야 되는 겁니다.

평소에 내 의식이 끊임없이 올라가고 싶은데 뭐. 내 새끼는 잔업이라도 해서 학원 보내고, 족집게 과외해서 올라가야 되거든요. 내가 만들고 싶은 자식이 많은 떡고물을 누리는 존재라고 하는 이런 의식을 진정으로 인정할 수 있을 때 다르게 출발할 수 있죠. 내가 만들어 내는 생산성이라고 하는 것이 돈의 생산성이며 삶의 파괴성이라는 것을 진지하게 인정할 수 있을 때 다르게 출발할 수 있겠죠. 안 그렇습니까?

청중　　아까 초반에 복지국가 얘기를 하셨는데 지금 현재 영국이나 미국 등 자본주의에 회의를 느끼는 사람들이 동유럽식의 복지국가 모델을 대안으로 삼는 사람들도 많잖아요. 그런 모델이 아니라 지금 말씀하신 기조를 가지고 있는 사회나 아니면 작은 마을이라도 그런 공동체가 있는지 궁금합니다.

강수돌 우선 우리가 복지 이야기를 하면 시장 복지, 국가 복지, 민중 복지, 저는 개념적으로 이렇게 정리를 하고 있습니다. 영미식이 시장 복지예요. 북유럽식이 국가 복지예요. 《오래된 미래》에 나오는 또는 우리나라 전통적인 농촌 마을, 이런 게 민중 복지의 단초를 갖고 있어요. 또는 협동조합이나 노동조합이 초창기에 서로 돕고 살던, 소위 말하면 '도덕 경제'라고 표현하기도 하는데, 상부상조와 연대와 단결을 통해서 스스로 자기 삶의 위험성을 제거해 나가고 삶의 문제를 공동으로 해결해 나가는 풀뿌리의 복지 곧, 자율 복지가 모델이 될 수 있습니다.

열심히 사는데 왜 우린 행복하지 않을까?

자본 천국 한국에서
노동자로 살아가기

김진숙

1750명한테 복직 명령이 떨어졌는데 돌아온 사람은 1600명
이 채 안 됐답니다. 그나마 50명은 생사가 확인됐어요. 그 해
고돼 있는 기간에 대리 운전 하다가 죽은 사람이 몇 사람, 이
른바 노가다를 하다가 죽은 사람이 또 한 몇 사람, 그리고 그
기간 동안 이혼을 하고 가정이 완전히 풍비박산이 나고, 그리
고 영혼도 풍비박산 나서, 자동차를 만들 수도 없을 만큼 영
혼이 파괴된 사람들이 또 열몇 사람. 그런데 나머지, 100여
명은 생사도 확인이 안 됐습니다. 어떤 연락도 안 되는 거예
요. 저는 아마 그 사람들이 노숙자가 되어 있지 않을까, 짐작
할 뿐입니다.

자본 천국 한국에서 노동자로 살아가기

반갑습니다. 저는 부산에 있는 한진중공업이라고 배 만드는 조선소 용접공 출신입니다. 땜쟁이였어요. 그때 신문에도 나오고 그랬습니다. 대한민국 최초의 처녀 용접사 탄생, 그게 접니다. 근데 그 신문이 조선일보라는 게 지금도 쪽팔립니다.(웃음)

배를 다 만들고 나면 보통 6개월에서 1년씩 걸리는데, 배 다 만들고 나면 행사를 거하게 해요. 진수식도 하고, 명명식도 하고. 그런 날은 선주도 오고, 선주 마누라도 오고, 교통부 장관도 오고, 국회의원도 오고, 경찰서장도 오고, 하여튼 할 일 없는 새끼들은 죄다 옵니다.

입사하고 나서 6개월 만에 처음으로 제가 만든 배가 바다로 나가는 날이었습니다. 얼마나 기분이 좋겠어요. 내가 만든 배가 바다로 나가는데. 나는 그런 행사를 하면 당연히 나를 데릴러 올 줄 알았습니다, 그거 내가 만들었잖아요. 11시에 행사를 한다고 해서 10시 반부터 꽃단장을 하고 기다렸더니만, 데릴러 오기는커녕 10시 반쯤 되니까 우리가 일하는 배에다가 뻘건 줄을 쳐 놓고 아예 나오지도 못하게 하더라고요.

직장(공장장보다 한 단계 낮은 직급)한테 왜 나가지도 못하게 하냐고 했더니, 니 꼬라지를 한번 봐라 그라대. 그래서 내 꼬라지를 보니까 못 나가게 할 만합디다. 땜쟁이들, 완전히 거지새끼들 아닙니까. 그런 거지들이 장관도 와 있는데 돌아다니면 회사 이미지가 안 좋아질까 봐 그런지 가둬 놓고 아예 나오지를 못하게 하는 거예요. 그래 놓고 저들끼리 행사를 합니다. 배가 높잖아요. 거기다가 단을 쌓아 가지고요, 거기를 선주 마누라가 올라가는데, 그 여편네 그날 거기 올라가는 걸 보면 눈꼴이 시려서 못 봅니다. 그 배 지 혼자 다 만든 것 같애요. 그 배 만드는데 용접을 한번 해 봤습니까, 글라인더를 한번 갈아 봤습니까? 그 여자가 거기를 올라가서는 그 큰 배에다가 오색 테이프를 칭칭 감아 가지고, 그게 진짜로 금도끼래요. 금도끼로다가 테이프를 탕 치면은요, 비둘기들이 화르륵 날아가고 그 큰 배가 바다로 좍 미끄러져 들어가는데 그게 진수식이거든요. 그게 멋있습니다.

물줄기가 양옆으로 수십 미터가 솟구치고, 그리고 그 배가 세상에 태어나 첫 고동 소리를 붕 울리면서 바다로 떠내려가는 겁니다. 그 고동 소리가 들리니까 시끄럽던 아저씨들이 갑자기 조용해지더니, 담배에 불을 붙여서 태우는 게 아니라 철판에다가 올려놓습디다. 그리고 저한테 하시는 말씀이 진숙아, ○○이 나간다. 이래요. 그 배 만들 때 죽었던 노동자가 ○○이었드랬습니다.

그때부터 고동소리가 들리면 아, 저 배 만들 때 누가 죽었지, 누구 손가락이 짤렸지 하는 생각이 제일 먼저 들었는데요. 다섯 명, 여섯 명이 죽어야 배 한 대가 나간다고 그랬어요.

노동이 분리된 교육

저도 제가 노동자가 될 거라고는 상상도 못했습니다. 제가 고향이 경기도 강화인데요, 중학교 2학년 때 친구들하고 토요일 날 시내를 놀러 갔는데 들어가는 입구에다가 길 하나를 사이에 두고 웬 아줌마들 네 명이 뭐, 상치, 쑥갓, 다 합쳐 봐야 1000원어치도 안 되는 것들을, 그것도 다 시들어 빠진 걸, 더 시들어 빠진 아지매들이 팔겠다고 오고 가는 사람들을 간절한 눈빛으로 쳐다보고 있었습니다.

전 속으로 그 아줌마들을 막 경멸했어요. 야, 오죽 못났으면 저 나이에 길바닥에서 저러고들 사나? 그러다가 그중에 한 아줌마하고 눈이 딱 마주친 거예요. 그 순간 막 도망을 가는데, 친구들이 자꾸 부르는 겨, 그래서 그 아줌마가 저를 못 봤기를 빌고 또 빌면서 뛰는데, 재수 없게 꼭 본 것 같애. 짐작하셨겠지만 그 아줌마는 저희 엄마였드랬습니다.

저는 울 엄마가 길바닥에서 그 1000원어치도 안 되는 것들을 팔겠다고 오고 가는 사람들을 간절한 눈빛으로 쳐다보는 걸 용서할 수가 없었습니다. 그리고 그 얘기를 서로 아무도 안 했습니다. 나 봤냐? 소리도 안 하고 너 봤다 소리도 안 하고.

그리고 시간이 얼만큼 지나서 어머니가 많이 아프셨습니다. 간경화라는 병이었드랬는데요, 배가 남산처럼 부풀어 오르는 거예요. 병원에 모시고 가야 되는데, 병원에 갈 돈이 없었습니다. 저하고 제 남동생하고 연년생으로 컸는데도 제 동생은 울 엄마를 학처럼 선녀처럼 기억하는데 제가 기억했던 울 엄마는 노예였습니다. 밖에서 일하고, 논에서 일하고, 부엌에서 일하고, 방에 들어와서 또 일하고, 그렇게 평생 일만 했던 엄마가 막상 자기가 죽을병에 걸렸을 때는 병원에 갈 돈이 없는 거예요. 그래도 병명은 알고 죽어야 될 거 아닙니까?

　강화엔 변변한 병원도 없었습니다. 서울에 있는 병원까지 가야 되는데, 배가 남산만 해서 언제 터질지 모르는 사람을 버스에는 안 실어 주는 거예요. 그렇다고 택시를 탈 돈도 없고, 배가 남산만 한 엄마를 경운기에 실었습니다. 몇 시간을 털털거리고, 서울에 있는 병원에를 왔어요. 몇 시간을 기다려 가지고 드디어 의사 선생님을 만났는데, 저는 그 일이 30년이 넘었습니다만 지금도 그 의사 선생님의 첫마디가 잊혀지질 않습니다. 왜 이제 왔냐고 합디다. 오죽하면 이제 왔겠습니까? 입원을 하라고 하는데 돈이 어디 있어요. 그래서 병원 근처에 여인숙을 구해 놓고, 거기서 통원 치료를 했습니다. 어렸을 때인데도, 울 엄마 얼마 못 살 거 같았어요. 숨을 못 쉬는 거예요.

　나중에는, 그 얘길 안 하고 엄마 죽어 버리면 그게 나한테 오랫동안 남을 거 같았습니다. 어느 달 밝은 밤에 여인숙에 엄마하고 둘이 누워 있다가 엄마한테 밑도 끝도 없이 물었습니다. "엄마, 혹시 그날 나 봤어?" 우리 엄마도 밑도 끝도 없이 대답합니다. "지 새끼 몰라보는 에미도 있다디?" 그리고 8일 만에 돌아가시고, 그 엄마를 다시 경운기에 싣고 와서 강화에 묻었습니다. 저는 그 일이 30년이 넘도록 상처입니다. 나는 왜 그토록 엄마를 부끄러워했을까?

우리 어렸을 때만 하더라도 위생 검사를 하면 선생님들이 꼭 손톱부터 본다니까. 그래서 손톱에 때가 껴 있으면, 대나무 자를 세워서 손등을 때리는 겨. 그래서 저는 손톱 밑에 때 껴 있는 사람들은 진짜 나쁜 사람이라고 생각했어요. 근데 우리 엄마 손톱 밑에는 진짜 새까만 때가 끼어 있었거든요. 우리 엄마 진짜 나쁜 사람 아닙니다. 문제는요, 노동과 교육이 이렇게 분리돼 있는 거예요.

노동하는 것을 부끄러워하는 대표적인 경우가 제가 드리는 말씀이 아니라, 부산에 계시는 이상석 선생님이 하시는 말씀인데, 노동자들조차도 애들이 거짓말을 하거나 숙제를 안 하거나 하면 벌로 청소를 시킨데요. 아이들은 청소를 벌로 하는 겁니다. 벌로 청소를 하고 자란 아이들이 청소하는 노동자에 대해서 존경하는 마음을 가질 수 있겠습니까? 엄마의 가사 노동에 대해서 존중하는 마음을 가질 수 있겠습니까? 여러분들은 애들이 상 받을 일이 있을 때 청소를 시키세요.

부산대학교에서 청소하는 아주머니들이 노조를 만들었어요. 그래서 투쟁을 한다고 하는데, 용역업체가 바뀌는 바람에 해고가 돼 버린 거예요. 아지매들이 천막 치고 농성하면 낮에는 뭐 고용 안정, 이런 거 가지고 투쟁하는데요, 밤에 천막 농성장에 가 보면 인생이 다 나옵니다.

아주머니들이 하시는 말씀들이, 청소하고 있는데 대학생들이 거기다가 침 뱉고 지나가는 놈들, 쓰레받기 안에다가 불 붙은 담배꽁초를 던지고 가는 놈들……. 그래서 이 아주머니들이 초짜배기 시절에 잘 모르니까 그러셨겠죠? 어이, 학생, 불 붙은 거를 여기다가 던지면 되나? 이랬더니, 대한민국 대표적 지성이 뭐라고 그랬는지 아십니까? "아지매, 그 일하라고 여기서 돈 받는 거 아니오?" 하더랍니다. 그 청소하는 아주머니들이 1년을 월급 한 푼도 안 쓰고 그대로 모아 봐야 800만 원도 채 안 됩니다. 근데 그 대학교 음대 한 학기 등록금이 560만 원이라는 거예요. 1년 동안 한 푼도 안 쓰고 청소해서 모아 봐야 두 학기 등록금도 못 대는 구조가 돼 버렸다니까요. 일하는 손을 부끄러운 손으로 여기게 되어 있어요.

노동자들 지금 어떻게 사나요?

제가 열여덟 살에 공장에 가서 제 손톱 밑에도 때가 끼기 시작하는데, 스물한 살 때 용접을 하는데, 용접을 해 보면 손톱 밑에만 아니라 손금마다 칼로 도려내고, 잉크로 찍은 것 같습니다. 기름때가. 손톱도 아주 동그랗게 붓으로 그린 것 같아요. 제가 스물한 살 때 일 마치고 나면,

제일 먼저 하는 일이 이태리 타올로도 지워지지 않는 기름때를 시멘트 바닥에 빡빡 문지르는 일이었어요. 저는 그 나이에 시내버스를 타면 손잡이를 못 잡았더랬습니다. 제 손이 부끄러워서. 일하는 손을 부끄럽게 여기는, 이런 걸 우리는 교육이라고 하고 있어요.

제가 열여덟 살 때 공장에 처음 가서 기함을 했던 게 뭔 줄 아세요? 7부 옷은 아시죠? 화장실이 7부 화장실이 있더라니까. 화장실 문짝이 허리 위까지 오는 겁니다. 화장실이 반 공개예요. 애들이 화장실에 오래 앉아 있을까 봐 화장실 문짝을 날렸다니까. 600명이 일하는 부서에 남녀 구분도 없이 화장실 달랑 두 칸이었습니다. 거기를 열몇 살짜리 아이들이 어떻게 갑니까? 아무도 화장실을 못 갔더랬습니다. 아무도 물을 못 마셨더랬습니다.

600명 중에 호주 이름 똑같고 본적 똑같고 주민등록 똑같은 강복남이 여섯 명이었다니까요. 왜 그랬는 줄 아세요? 열세 살 이하는 근로기준법상 취업이 안 되는 겁니다. 이 이야기는 무슨 얘깁니까? 열세 살도 안 되는 아이들이 남의 주민등록증 가지고 위장 취업했더랬다니까요. 그런 위장 취업자들은 다 묵인하고, 노조 만들겠다고 들어왔던 위장 취업자들은 죄 전과자 만들고, 그게 현실이었더랬는데요, 그때 시절에는 곱빼기 철야라는 게 있었더랬습니다. 새마을 잔업도 있었습니다. 수당 안 받고 잔업해 주는 거. 곱빼기 철야는 자는 시간이 없습니다. 불량이 많이 나거나 일이 바쁘거나 선적이 바쁘거나 하면 그걸 채울 때까지 잠도 안 재우고 일을 시키는 게 곱빼기 철야예요. 근데 그건 수당도 없었습니다. 우리가 잘못했다고 생각했으니까. 그때는요, 공장도 점심 시간이 30분이었다니까요. 15분짜리 점심 시간도 있었더랬습니다. 지금이야 당연히 점심 시간은 한 시간이지만…….

대한민국이 처음부터 주 5일제였습니까? 수많은 사람들이 싸워서 이렇게 됐다는 거 이제는 다 잊었습니다. 점심 시간 한 시간도 많은 노동자들이 싸웠더랬습니다. 일제시대 노동자들이 요구 조건 중에 학생들의 차비를 반값으로 인하하라, 이런 요구 조건들도 있었습니다. 저는 그거 보고 굉장히 충격을 받았더랬습니다. 진짜 오지랖도 넓잖아요. 이렇게 오지랖 넓은 게 원래 노동운동이었더랬습니다. 자신들의 조합원들 임금 인상뿐만아니라 진짜 민중들의 삶을 위해서 생존권을 위해서 같이 싸웠던 게 노동운동의 출발이었더랬습니다.

점심시간 30분을 빼고 나면 앞판 박는 놈은 하루 왼종일 앞판만 박습니다. 그 짓을 잠도 안 자고 일주일씩 하다 뒤에서 들어 보면 조시 소리가 달라요. 드글드글 소리가 나서 뒤를 돌아보면 열몇 살짜리가 지 손가락을 손목까지 덜덜덜덜 박는데도 표정이 하나도 안 바뀌었더랬습니다. 그게 경제개발 5개년 계획이었더랬어요.

부산에 가면 삼화고무라는 신발공장에서 운동화를 만들었던 김경은이라는 노동자가 있었습니다. 운동화는 가죽이 두꺼우니까 미싱 바늘이 부러지기도 해요. 이렇게 부러진 미싱 바늘이 하필이면 눈으로 튀어 들어 간 겁니다. 그래서 조장한테 미싱 바늘이 눈으로 들어갔다고 하니까 공장에서 그만 한 일 가지고 조퇴시켜 줍니까? 야를 델꼬 조장이 형광등 밑에 가서 눈을 까본 거야. 빼줄 거라고. 안 보이거든. '빠졌나 보다 가서 일해.' 잔업까지 했습니다. 그 긴 시간 동안 부러진 미싱 바늘이 눈 뒤로 들어가서 양쪽 시신경을 다 파괴했습니다. 김경은의 나이 열여덟 살 때 일이었습니다. 저는 한진중공업에 들어가 가지고 젊은 친구가 렌즈를 끼고 일하다가 불똥이 눈으로 튀어 들어가서 눈동자에 렌즈가 붙어서 실명된 경우도 봤습니다. 그런 노동자들이 지금 어떻게 사나요? 20세기 산업 역군이 21세기에는 전부 비정규직들입니다.

화물연대라는 조직이 있습니다. 2004년 5월에 파업을 하고 8월에 파업을 하고, 1년에 두 번의 파업을 했습니다. 정부와 노무현이 합의했던 것을 어겼기 때문에 두 번의 파업을 했더랬는데, 여러분들 대한민국에서 노동자들이 파업을 한다고 그러면 공식이 다 나와 있지요. 병원 노동자들은 생명을 볼모로 잡고, 철도, 지하철은 시민의 발을 볼모로 잡는다고 하지요. 화물연대 노동자들이 파업을 하는데, 이 사람들이 왜 파업까지 갈 수밖에 없었는지에 대해 아무도 얘기하지 않았어요. 물류 마비, 물류 대란 이딴 얘기들만 했더랬어요.

그때 화물연대 김해 지부장 최복남이라는 동지가 있었습니다. 아무도 자기들 얘기를 안 들어 주니까 유인물을 만들어 가지고 거리로 나간 거예요. 그래서 이것을 시민들한테 나눠 주다가, 김해 대동 톨게이트에서 어떤 젊은 운전자와 시비가 붙었습니다. 이 젊은 운전자가 최복남 동지한테 했던 얘기는, '안 그래도 나라가 어렵다는데, 니들 사장이라매? 왜 니들까지 나와서 파업을 하냐?' 최복남 동지는 유인물을 차 안에 넣어 주면서 '일단 한번 읽어 보십시오. 우리 얘기도 들어 줘야 될 거 아닙니까?' 라고 했는데 이 무심한 젊은이는 그대로 차 유리를 올려서 100미터를 뺐습니다. 그때까지도 손목은 짤라졌지만, 아마 목숨은 붙어 있었을 거예요. 그런데 뒤차가 최복남 동지를 밟았습니다.

먹고살려고 일했던 사람이 길바닥에서 다섯 살, 여섯 살짜리 연년생 아들 둘을 두고 하필이면 결혼기념일 날, 개구리처럼 터져 죽었습니다, 돌아오는 5월 8일이 최복남 동지 4주기가 되는 날인데요. 제가 기가 막혔던 것은 이 젊은 운전자가 경찰에서 조사 받은 걸 보니까 직업이 회사원이었습니다. 회사원이라는 얘기는 이 사람도 노동자라는 얘기지요. 더 기가 막힌 것은 학력이 대졸이었습니다. 16년을 학교를 다녔다는 얘기 아닙니까? 저는 이 친구가 16년을 학교를 다니는 동안에 다만 한 시간만이라도 어떤 선생님한테서라도 노동자들에게도 권리가 있단다라는 얘기를 들어 볼 수 있었다면 노동자가 노동자에게 가해자가 되는 일은 없었을 거라고 생각합니다.

우리도 노동3권이 있어요

우리도 노동3권이 있어요. 그죠? 버젓이. 자. 처음에가 단결권이죠. 이거는 노조를 결성할 권리입니다. 대한민국에서 노조결성의 권리가 자유롭습니까? 얼마 전에는 부산에서 노조 하나를 기를 쓰고 만들었어요. 그래서 위원장이 젊은 친구보고 너 조직부장 맡아라, 했더니, 이 조직부장으로 내정됐던 친구가 행방불명이 됐습니다. 휴대폰도 안 되고. 그런데 3일만에 초췌해서 나타났길래, 어디 갔다 왔냐고 하니까 아버지 산소에 결단하러 갔다 왔다고 해요. 조합원들도 노조가 있어야 된다고 생각해요. 요즘처럼 더군다나 언제 짤릴지 모를 상황에서. 근데 간부를 안 하려고 그럽니다.

얼마 전에는 어떤 금속노조였는데, 두 시간을 조합원들을 만나가지고 열라 떠들고 났더니, 그 다음에 지회장이 마이크를 잡는데, 하는 소리가 오늘이 우리 노동조합 마지막 날입니다. 이러는 거예요. 그래서 그게 무슨 소리여? 했더니 오늘로 노동조합을 해산한답니다. 두 시간을 단결하자, 투쟁하자 이랬는데, 왜 해산을 하냐고 그랬더니, 간부를 할 놈이 없다고 하는 거예요. 그러고 보니까 그 지회장을 20대 청춘 때 만났는데, 그새 장가를 가서 머리가 다 벗겨지고 애가 중학교를 다니는 40대가 돼 있는 겁니다. 그 세월 동안 간부할 사람이 없어서 노조를 못 떠나고 간부를 하고 있으면 그 노동조합은 해산하는 거 맞거든요. 그래서 해산의 건을 조합원 총회에 붙였어요. 근데 88퍼센트가 반대를 했습니다. 노동조합은 있기는 있어야 되거든요. 내가 할려고 하니까 껄쩍지근하고, 깃발 든 놈이 평생 들고 가면 안되겠니? 요즘은 뒤에서 밀어줄 놈은 쎴어요. 근데 앞에서 깃발 들 놈이 없는 게 지금 현재 노동운동의 모습인데요, 그러니까 노동조합은 자꾸 왜곡되고 변질될 수밖에 없는 겁니다.

두 번째가 행동권입니다. 이거는 말 그대로 파업의 권리죠. 세 번째가 교섭권이고요. 이게 우리가 배운 노동3권의 전부 다입니다. 이른바 선진국이라고 얘기하는 나라들이 초등학교, 중학교 때부터 노동3권을 어떻게 배우는지 들으셨죠? 학교에서부터 아예 교과 과정 시간에 교섭권 하나를 놓고도 열몇 시간을 수업을 하는 거예요. 지네들끼리 노사로 나눠 가지고 모의 교섭까지 다 한대요. 이쪽에서 물가도 많이 올랐고 생산성도 많이 올랐으니까. 임금 몇 퍼센트 올려. 그러면 쟤네들이 배 째라, 그러면 온나 째께. 이게 파업 아닙니까? 그죠? 거기다가 공권력 투입해 가지고 잡아 가고 이런 거 들어 보셨어요? 우리하고는 구조가 다르게 돼 있어요. 이런 나라에서 만약에 아이들이 노동자들이 파업한 다고 그러면 그거를 어떻게 받아들이겠습니까? 어, 저 새끼들 빨갱이다 이러겠어요? 교섭하다 결렬됐다 이러겠지.

저는 대한민국에서 개인적으로 초딩들이 제일 무섭습니다. 민주노총이 총파업한다고 그러면 이것들이 홈피에 들어와 가지고 '북한으로 가라, 이 빨갱이 새끼들아. 김정일의 친구들아.' 그럼 그 밑에 리플 달아

가지고 '님은 참 무식하시군요. 보셨나요? 친군지 아닌지.' 그러면 그 밑에 또 리플 달아서 '봐야 아나? 안 봐도 비디오지.' 철도 노조가 민주노총이 왜 총파업 들어갔는지는 다 빠지고, 자기들끼리 봤는지 안 봤는지 수천 개의 리플 달고 노는 거예요. 저는 하여튼 민주노총의 총파업은 가급적 초딩들 방학 때는 피해서 해야 된다고 생각하는 사람이에요.(웃음) 결국은 다 노동자들의 새끼들인데.

저는 실업계 고등학생들을 만날 때도 있는데요. 실업계 아이들도 보면 요즘은 80퍼센트 정도가 대학을 가요. 왜 그러냐 그러니까, 노동자가 될까 봐 그런대요. 그런데 결국은 3, 4년 후에 노동자가 되는 겁니다. 대학에 애견미용과가 있습니다. 제가 그 과를 폄하해서 하는 얘기가 아니구요. 뭔지 아시죠? 개털 깎아 주는 거요. 물론 좋다 이거예요. 근데 개털 깎아 주는 거를 대학에서 가르쳐 줘야 되냐는 말이지요. 어떤 과는 심지어 용접과가 있더랬어요. 여러분들 대학에서 수천만 원 주고 용접 배운 놈들하고, 저하고 누가 용접을 잘 하겠습니까? 이렇게 결국은 그래 봐야 다 노동자가 되는데, 아이들이 제일 두려운 게 노동자가 된다는 사실입니다.

이게 현실이에요. 얼마 전에도 기계공고 아이들을 만난 적이 있었는데, 저는 반가운 마음에 니들은 앞으로 노동자가 될 거란다 하는 순간 애들 눈빛이 적개심으로 바뀌어요. 실업계 아이들을 만나면요, 열일곱 살짜리, 열여덟 살짜리 눈빛이 60~70대 노인네들 눈빛보다 더 노회합니다. 그 눈에 인생의 산전수전이 다 들어 있어요. 저는 그 기계공고 아이들을 만나 가지고 노동3권을 배웠냐? 그랬더니, 배웠대요. 뭐냐고 했더니, 하나가 손을 번쩍 들더니, 입법권, 사법권, 이러길래 스톱! 했습니다.(웃음)

노동자로 살아갈 아이들이 자신들의 미래를 준비하기는커녕 그거를 두려워하는 거예요. 요즘 알바생들을 보세요. 최소한 무슨 ○도날드니, 뭐 브이아이피니, 이런 데서 하는 짓들을 보면 한 시간 시급이 3800원, 4000원도 채 안 돼요. 그 친구들을 데려다 쓰면서 손님이 없는 시간이 있잖아요. 낮 시간, 이럴 때는 그 아이들을 내 보내는 거예요. 그러면 이 친구들 어디로 가요? 피시방 가고, 만화방 가고, 거기 가서 또 돈 쓰는 거야. 그 시간에 물론 시급도 안 쳐 주는 거지요. 이런 짓들을 한다니까요.

저는 이 친구들이 학교에서나마 최소한도 인간적으로 대우받고, 권리가 무엇인지를 알고 살았으면, 이런 일에 분개해야 한다고 생각합니다. 그런데 분노하는 법을 몰라요. 분노하는 것도 훈련입니다. 일상에서 그런 훈련들이 안 돼 있기 때문에 그렇게 철저하게 짓밟히고들 사는데요, 프랑스라는 나라가 CPE법(최초고용계약법) 가지고 재작년에 싸우는 거 보셨죠? 최초 고용법이라고, 우리나라가 통과시킨 비정규직법안 하고 똑같은 거였습니다. 청년들을 2년 동안 비정규직으로 쓰고, 해고시킬 수 있다. 이 법안을 놓고 프랑스의 고등학생, 대학생, 노동자들 300

만 명이 싸웠습니다.

그런데 우리는 똑같은 법안이 버젓이 통과됐거든요. 민주노총 80만입니다. 근데 이게 왜 통과됐을까요. 이 80만은 대부분 정규직들입니다. 그리고 정규직들은 이 법안을 자기하고 별 상관없다고 생각합니다. 이게 지금 현실이에요. 저도 이 법안이 부디 정규직들하고 별로 상관이 없었으면 좋겠습니다. 그런데 결국 이 법안에 의해서 정규직이 비정규직이 될 수밖에 없는데요.

프랑스에서 싸운 300만 중에는 고등학생도 있었고, 대학생도 있었습니다. 대부분 다 연대의 관점이었더랬지요. 자신들의 직접적인 문제라기보다는 그런 법안이 통과되면 결국은 프랑스의 수준이 떨어진다는 건데, 우리는 이 연대의 정신들이 다 파괴되고 있습니다. 몇 년 전에는 프랑스에서 정년 55세를 57세로 연장해 주겠다고 이러니까 또 파업에 들어갔어요. 근데 우리는 대부분 이거 잘못된 거 아니냐? 우리는 57세를 55세로 줄이겠다고 하면은 파업 들어가니까요. 그런데 프랑스 사람들은 정년이 되고 나면 다 보장이 된다지 않습니까? 그러니까 남친, 여친 손 잡고 남한산, 북한산 놀러 가는 꿈을 꾸는 사람한테 2년 더 일해라, 그러니까 뒤집어 질 거 아닙니까? 이런 나라들도 지금은 신자유주의 때문에 이런 몇 년 간 싸워서 투쟁한 것들을 하나하나 야금야금 빼앗기고 있습니다.

몇 년 전에 프랑스에서 공공 부문 노동자 400만이 총 파업을 했습니다. 이거 기억하실 거예요. 이때 병원 문 닫았지요. 판사도 노조 있고, 군인들도 파업하고, 경찰들도 파업 한다매요? 그것들 파업하면 누가 진압하러 가는지 잘 모르겠어요. 그것들이 400만이 총 파업을 하는데요. 더 신기한 일은 70퍼센트의 프랑스 시민들이 찬성을 했다는 거 아닙니까? 철밥통 소리 하는 사람, 아무도 없더랬습니다.

우리나라에는 이거를 죽어도 이해 못하는 집단이 있잖아요. 조선일보. 조선일보가 그거를 물어보러 가요. 야, 400만이 총 파업을 해서 프랑스가 그야말로 마비됐는데 불편하지 않냐? 아, 물론 불편하지요. 근데 이 파업에 70퍼센트가 되는 사람들이 찬성을 하는가, 이때 프랑스 시민들이 뭐라고 대답했대요? "아, 보십시오. 이 사람들이 일하지 않으니까 그야말로 프랑스가 마비되지 않습니까? 이들이야말로 프랑스에서 가장 중요한 일을 하는 사람들인데 이 사람들의 삶의 질이 개선되지 않고 어찌 프랑스를 선진국이라고 얘기할 수 있겠습니까?" 여러분들 그나마 사민주의적 관점에서라도 선진국일 수 있으려면 이 정도는 돼야 하는 거 아니에요?

90이 100이 되는 길은 없다

대한민국의 양극화의 문제가 20대 80도 아니고, 10대 90이 이제는 고착화돼 가고 있습니다. 저는 이 90이 100으로 가야 된다고 아직도 믿는 사람입니다. 근데 우리는 대부분 다 10으로 가는 꿈을 꾸지요. 10은 10으로 태어나고 90은 90으로 태어나지 않습니까?

이명박의 대표적인 교육 정책 중의 하나가 3불정책을 폐지하겠다. 이 중에 기여입학제가 있는 건 아시죠? 얼마 전에 진짜 멋진 아버지가 있었죠. 애들이 맞고 오면 열 받지요? 요즘은 남의 집 애들 버르장머리 고칠려면 능력이 있어야 됩니다. 우리는 능력이 안 되니까 그냥 맞고 온 애를 한 대 더 패는 걸로 응징을 대신해요.(웃음) 근데 이 아버지는 능력이 있으니까 응징을 했어요. 이 애끓는 부정이 그 부당한 여론의 개입 때문에 억울한⑦ 징역을 사셨는데요. 그 집 맞고 온 아새끼 놈이, 예일대를 다녔던 건데요. 요즘 있는 집 아새끼들이 기본이 예일대, 하버드인 게 기여입학제가 되는 거잖아요. 이게 아예 고착화되는데요. 문제는 이런 구조 속에서도 노동자들이, 굳이 구조를 바꿀 생각은 안 하고 전부 10으로 갈려고 눈을 벌겋게 뜨고…….

제가 생각할 때 90이 10이 되는 길은 없습니다. 근데 이게 가능하다고 또한 끊임없이 부추기는 게 자본주의예요. 이 환상의 대표적인 게 인생 역전, 그렇죠? 로또 100장을 사 봐라, 이게 되나? 연속극 하나를 보더라도 2, 30대가 죄 사장 아니면 대표이사입니다. 기획실장이 제일 하빠리예요. 그래서 우리나라 남자들은 마누라와 연속극 같이 절대 안 봅니다. 마누라하고 연속극 보다 보면 마누라가 은근히 쳐다보고 있잖아요. 쟤는 스물몇 살에 사장인데 당신은? 나는 우리나라 남자들이 워낙 연속극 싫어하시는 줄 알았더니 불멸의 이순신이나 주몽이나 대조영 이런 거는 진짜 열심히 보시데요. 거기는 사장 하나도 안 나오거든요.

광고 하나를 보더라도 '여자라서 너무 행복해요.' 여성 노동자들의 76퍼센트가 비정규직인 나라입니다. '열심히 일한 당신 떠나라.' 얼루?(웃음) 얼마 전에 현대자동차 노동자의 집에 가니까, 현관 맞은편 벽에 가훈이 있는 거예요. 그 집에 초등학교 다니는 아들내미가 썼대요. 그 집 가훈 뭐였는지 아세요? '아빠, 당신의 능력을 보여 주세요'. 이 아빠는 하루에 열 시간 씩 주야 맞교대로 능력을 쎄가 빠지게 보여 주고 왔습니다. 이정재하고 이미연이 하는 커피 광고가 있는데, 하나는 앉아 있고 하나는 자빠져 있는데, 광고 카피가 어떻게 깔렸냐 하면 '이제는 알 것 같습니다. 혼자서는 이만큼 행복할 수 없다는 것을.' (웃음) 그런 얘기 들으면 저처럼 혼자 사는 사람들은 죄지은 것 같습니다. 놀라운 사실이 그 밑에 시간이 나와요. 'AM.11:00', 이거 오전 11시 맞지요? 과학적으로 현실적으로 생각해 보세요. 오전 11시에 그 젊은 것들이 한꺼번에 둘이나 자빠져 있다는 것, 둘 다 잘린 거 아니면 둘 다 백수입니다.(웃음) 이 얘기를 제가 구미의 코오롱에 가서 하니까 어떤 노동자가 '아이고, 야간 하고 왔겠지요' 해요. 저들이 야간 하니까 세상 사람들이 죄다 야간 하는 줄 알아요.(웃음) 야간 하고 와서 오전 11시면 혓바닥 꼬여서 말도 안 나옵니다. 공장에서 산재가 제일 많이 발생하는 시간도 야간 시간입니다.

배를 만들면은요, 요 만한 철판들을 용접하고, 취부하고, 이게 소조립이고요, 그 소조립한 것들을 들고 다시 이 건물만 한 블록을 만듭니다. 이게 중조립이에요. 이 중조립한 것들을 들고 가서 쌓는 게 대조립인데, 제가 대조립에서 일했더랬습니다. 조선소에서 사람 제일 많이 죽고 제일 많이 다치는 데……. 제가 스물한 살 때 입사해서 제일 먼저 본 사고가 집채만 한 블록을 크레인으로 들고 가다가 크레인의 와이어로프가 터진 거예요. 블록을 터뜨렸는데 문제는 그 밑에 여덟 명이 깔린 거예요. 여덟 명이 깔렸다고 하니까, 안전관리자들이 바께스에다 집게를 담아가지고 여덟 개를 들고 오더라고요.

저는 속으로 저 새끼들 진짜 웃긴다. 사람이 깔렸다는데 왜 바께스를 들고 오나? 이랬더니, 와이어로프가 터져 가지고 블록이 한쪽은 내려앉아 있고 한쪽은 매달려 있을 거 아닙니까? 이 사람들이 그 밑에를 이렇게 들어가서 살점을 한 점씩 집는 거. 여덟 명이 깔렸다니까 여덟 바께스를 공평하게 만들어요. 마누라들이 신랑 죽었다고 올 거 아녀? 바께스에다가 남편 이름 써 가지고 한 바께스씩 나눠 줘요. 이게 조선소 사고였드랬습니다.

제가 이 벽, 한 열 개만 한 철판이 넘어져서 그 밑에 깔렸더랬는데, 그것도 제가 용접한 게 터져 가지고 어찌나 미안한지 산재해 달라고 말도 못했더랬습니다. 용접한 게 터지면 세상이 무너지는 소리가 나요. 이게 내 코앞에서 나는데요. 맨 쓰고 있다가 휙딱 제껴 보니까 이게 나한테로 넘어오는 거야. 근데 용접한 게 터지면은요, 한꺼번에 휙 넘어오는 게 아니라 이렇게 서서히 도미노처럼 무너집니다. 그 넘어오는 철판을 보면서 제가 뭐라고 간절히 기도를 올렸는지 아십니까? 저 밑에 다리만 깔려서 죽지는 말고 두 달만 병원에 입원해서 실컷 잤으면 좋겠다. 저는 결국 그 소원을 과도하게 이루었습니다. 두 다리 다 부러져서 병원에 6개월 동안 입원을 해 있었거든요. 저한테는 그게 야간 작업이었더랬는데요, 배 위에서 갑판 작업을 하면은 야간 때 되면 동이 틉니다. 전 지금도 그래서 그렇게 일출이 서럽습니다. 동해안으로 일출 보러 다니는 사람을 도무지 이해할 수가 없습니다. 야간 때 동 터 오는 바닷물을 보면은 뭘로 보이는지 아십니까? 이불로 보인다니까. 비단금침으로. 그게 야간 작업입니다.

어용노조도 아닌데 왜 비정규직을 외면하는가?

문제는 지금 노동자들이 단결하고 연대하는 게 아니라 양과 염소로 나눠져서 현대자동차가 왜 어용노조가 아닌데 비정규직 문제를 외면하는가, 이거를 도저히 이해할 수가 없습니다. 도덕적으로도 용납이 안되는 일 아닙니까? 현대자동차가 작년에 임단협을 체결하면서 주식을 서른 주씩 받아 왔어요. 이게 돈으로 치면 한 200만 원 정도 돼요. 제가 생각할 때는 이제 현대자동차 노동조합 파업투쟁 못해요. 왜? 파업하면 주가 떨어지죠. 인제 노동자들과 자본의 이해는 완벽히 일치하는 거에요. 기아자동차가 작년에 비정규직 노동자들이 일주일을 투쟁을 했는데 그 투쟁이 결국은 처절히 패배로 끝났습니다. 왜? 공권력이 투입이 돼서? 아닙니다. 공권력보다 더 어마어마한 구사대가 투입이 됐습니다. 민주노총 조끼를 버젓이 입은 정규직 노동자들이 대부분 구사대였습니다. 이 사람들이 왜 구사대까지 나설 수밖에 없었어요? 주식들을 가지고 있는 겁니다. 비정규직들이 찔락거리면 주가 떨어지잖아요. 정규직 노동자들이 이제 같은 노동자인 비정규직과 이해 관계가 같은 게 아니라 자본에 가깝습니다. 이게 현실이 돼 버린 거예요. 그래도 이런 가운데에도 이 비정규직을 위해서 노동 운동의 대의를 위해서 열심히 투쟁하시는 동지들이 있습니다. 현대자동차 노동자들이 연봉이 5, 6천만 원이야. 그래서 철밥통이다 이거예요. 근데 잔업을 수백 시간 해야 연봉이 그렇게 되는 거예요. 여러분들 현대자동차 노동조합이 파업 투쟁에 들어가면 그 투쟁을 제일 비난하는 사람들이 누굽니까? 조선일보보다 더 게거품 무는 게 현대자동차 비정규직 노동자들입니다. 아, 나보다 연봉이 2, 3배가 되는 새끼들이 그거 적다고 파업하거든. 같은 공장에서 이렇게 이해관계가 다른 거예요.

그러니까 노동자 계급 내에 또 다른 계급이 이미 존재하고 있는 거예요. 지금 정규직 노조가 비정규직을 보는 문제가 크게 두 가지가 있는 거예요. 저 새끼들은 우리하고 상관없는 놈들이다는 게 하나입니다. 왜 우리 노조를 가지고 비정규직 유인물 만들고 교육시키냐, 이런 얘기를 실제로 정규직 노조 조합원들이 합니다. 그리고 또 하나의 관점이 뭐가 있냐 하면은 우리가 다 해 줄게. 실제로 그런 사례가 있지 않습니까? 임단협 체결하는데 정규직에서 비정규직 거를 해요. 정규직을 100퍼센트라 하면 비정규직은 80퍼센트. 그러니까 이것의 간극은 평생 존재하는 겁니다. 그러니까 비정규직을 조직의 대상으로 같은 동지로 노동자 계급으로 인정하고 조직할려고 노력하는 게 아니라 불쌍하고, 하여튼 뭔가 골치 아프고 귀찮은 존재가 되어 버린 거예요. 이런 두 개의 극단적인 관점들이 존재합니다.

얼마 전에 제가 어떤 노조에 가니까 간부가 1억짜리 차를 샀다고 자랑을 하는 거예요. 이 사람이 연봉이 6천이 넘어요. 웃기는 거는, 제가 이 차에 대해 문제 제기를 해야겠는데 처음 본 사람한테 그 차 내 놔라 그러지도 못하고 민주노총에 기증해라, 이랜드 노조에 기증해라 얘기도 못하고……. 그러다가 화장실을 갔어요. 그런데 제가 다녀 보면 주로 남성 사업장 청소 용역 아줌마들이 휴식 공간은 대부분 화장실이에요. 전 심지어 화장실에서 빵 먹는 아줌마도 봤습니다. 창원에 가면 대우 자동차 노동조합이 비정규직 투쟁을 참 열심히 했더랬습니다. 그런데 그 집행부가 결국은 불신임당했어요. 요즘은 비정규직 투쟁 열심히 하는 집행부는 불신임당해요. 비정규직 투쟁을 열심히 하는 노조였는데 노조 사무실 바로 옆에 여자 화장실이 있어요. 그 안으로 들어가 보니까 할머니가 청소하는 용역 아줌마였는데 거기서 빵 먹는 걸 실제로 봤습니다. 저는 노조 간부들을 붙잡고 "비정규직 투쟁 열심히 하는 것도 좋지만, 저 아주머니 휴식 공간 하나 만들어 드리세요"라고 했습니다. 전 그게 기본이라고 생각을 했더랬습니다.

화장실을 갔는데 진짜 더운 날이었거든요. 아줌마가 화장실에 박스를 깔고 앉아 가지고 부채질을 하는데 더 땀나더라고. 저는 사람이 그 화장실에 앉아 있으리라고는 상상도 못했으니까 저도 놀래고 아줌마들도 또 놀랜 게 얼마나 미안해요. 커피를 두 잔을 빼 들고 아줌마들한테 가서 앉았어요. 그 아줌마들보고 얼마 받으십니까 물었는데 임금 얼마 받는지 진술을 받아 내는데 30분 동안 스무고개해서 결국 63만 원이라는 자백을 받아 냈어요. 하루에 몇 시간 일하시냐니까 하루 아홉 시간을 일하신대요. 몇 년 일했냐니까 11년 일했답니다. 그래서 아까 1억짜리 차 산 노조 간부한테 물었습니다. 몇 시간 일하십니까? 아, 당근 여덟 시간 일하죠. 몇 년 일하셨습니까? 9년 일했대요. 11년 된 노동자가 하루 아홉 시간을 일해서 한 달에 63만 원을 받는 사업장에서 9년 된 노동자가 여덟 시간 일해서 연봉 6천만 원, 이거 자랑스럽습니까? 그런데 그런 가책이 없는 거예요. 인제는. 심지어는 노조 간부들조차두요. 저 아줌마들은 용역 소속인데 왜 우리한테 자꾸 비정규직 문제를……. 저 아줌마들은 저 아줌마들 문제라고. 민주노총에서 수천 번의 결의를 해도 현실이 이래요. 현장에서는. 비정규직 문제가 진짜 해결이 되려면 우리 노조에 있는, 우리 사업장에 있는 비정규직의 문제부터 풀어 나가야 하는데 이게 안 되는 겁니다.

어떤 사업장에서는 비정규직들이 통근 버스를 못 탔습니다. 정규직들은 대부분 자가용이 있으니까 통근 버스가 텅텅 비어서 다녀요. 그런데 비정규직은 지하철, 버스를 골고루 갈아타고 다니는데 통근버스를 못 타게 하는 거예요. 요즘은 타고 다닙니다만. 그래서 노조 간부한테 이건 공문만 보내도 바로 해결되는 문제가 아니냐, 이걸 왜 해결을 못 하냐. 열 번 확인을 해도 열 번을 안 하는 거예요. 그래서 그 간부한테 이유가 뭐냐 솔직하게 한번 얘기를 해 봐라. 이 친구가 하는 소리가 '비정규직들은요, 한 가지를 들어주면 백 가지를 요구합니다.' 자본하고 똑같습니다. 그런데 이 노조 간부가 어용이냐면 그것도 아니에요. 자신의 권리에 대해서는 대단히 치열하게 싸우거든요.

현대 자동차 노동자들이 정규직이라고 다 5, 6천만 원을 받는 것은 아닌 거예요. 잔업 좀 하면 이렇게 되는데 잔업 못 하면 2, 3천만 원짜리 연봉이 존재해요. 그 5, 6천만 원 받는 사람들이 2003년도에 18명, 작년에 25명이 과로사로 죽었어요. 현대자동차가. 그래서 물었습니다. 한 달에 400시간 잔업해서 25명이 과로사로 죽는데, 이렇게 살면 행복하냐? 심지어 어떤 노동자는 그래요. 자기는 집에 가면 개 취급도 못 당한대요. 왜 그러냐 그랬더니. 집에 애완견이 한 마리가 있는데요. 집에 가면 애들이고 마누라고, 개 이름은 수백 번을 부르면서 그러는데 지 이름 불러 주는 사람은 아무도 없대. 일찍 들어가면 왜 잔업 안 하냐고 왔냐 그런다네. 이렇게 돼 버리는 거예요. 안 행복하다는 거예요. 왜 안 행복하냐고 그러니까 차라리 연봉이 다 같이 적었던 시절에는 저들끼리 술도 자주 마시고 아주 *끈끈*했다는 겁니다. 그때가 오히려 행복했다 이거예요.

전 노동자들이 술 마시고 *끈끈*하다라는 게 뭔지 너무나 잘 아는데 한진중공업 다닐 때 그거 진짜 많이 해 봤거든요. 5천 명 중에 아가씨는 저 하나밖에 없었어요. 이것도 아가씨라고 저녁에 잔업 마치고 나면 아저씨들이 술 먹자고 나래비를 섰습니다.(웃음) 12시까지 술 먹잖아요. 12시까지 아저씨들이 오로지 한 가지밖에 안 해요. 직장 하나를 찍어서 씹는데 그 밤에 그 직장을 아주 아작을 냅니다. 나는 그 직장 죽었을 줄 알았어요. 그 엄청난 저주를 받고 어떻게 목숨을 부지할 수가 있습니까?

그런데 그 다음날 아침에 출근해 보니까 아저씨들은 죄 찌그러져 있고, 직장은 너무 멀쩡하게 돌아가더라고. 아저씨들은 밤에만 피는 야화였어요.(웃음) 이른바 뒷다마. 뒷다마의 생명이 뭡니까? 첫째도 보안, 둘째도 보안, 셋째도 보안, 보안이 생명인데 20년이 유지되던 보안이 일루 가면서 다 깨지는 거예요. 잔업 한 대가리에 의리를 팔고, 내가 먼저 진급할려고 동료를 팔아먹습니다. 저는 신자유주의가 진짜로 무서운 건 노동자들이 다 비겁해진 겁니다. 자기밖에 몰라요.

대우조선 노동자들이 요즘 이혼률이 높답니다. 주식 때문에, 마누라 바람난 것 때문에. 남편들 맨날 잔업하고 야간하는데, 그러니까 도시 전체가 거기는 다 캬바레예요. 나이트클럽이고. 진짜 불륜이 산업이라니까. 연봉은 이렇게 받아도 막상 이혼소송을 하는데 보면 짜갤 재산이 없대요. 재산 분할을 해야 될 거 아니에요. 없는 거예요. 여러분들, 노동자들이 비정규직을 외면하고 자신들도 행복해 질 수 없는 것들이 이런 데서 드러나는 거예요.

조합원의 영혼을 지키는 노동조합

현대 가족 이야기라는 책이 있습니다. 그 책을 보면 현대자동차 노동자들이 어떻게 사는지 대충 보여요. 어떤 서울 사는 여자가 있는데, 현대자동차 노동자와 결혼을 한 거예요. 신혼여행을 갔다 와서 첫날밤을 지내야 되는데, 해가 지니까 신랑이 있다가 '나 이번 주 야간이다' 이러드래요. 마누라는 야간에 대한 개념도 없는데. 문제는 그 다음날 아침에 남편이 퇴근을 했는데 야근을 마치고 온 사람이 말을 안 하더랍니다. '밥 도.' '자자.' 두 마디밖에 안 하더래요. 마누라가 고민이 될 거 아니예요. 저 사람이 야간을 마치고 오면 왜 말을 안 할까, 그래서 남편이 일하는 공장에 가 봤대요. 그랬더니, 자동차 콘베어 밑에서 볼트를 조립하는 사람이야. 지가 맡은 칸의 볼트를 하나라도 빼먹으면 큰일날 거 아닙니까? 쎄가 빠지게 일하고 있는 거예요. 마누라 온 것도 모르더랍니다.

마누라는 남편이 현대자동차라는 대기업에 다닌다는 사실만 자랑스러웠지, 어디서 무슨 일을 하는지 몰랐어요. 남편이 일하는 걸 처음으로 봤습니다. 보다가 자기도 모르게 울어요. 저 사람이 저렇게 일하다가 집에 오는구나, 저렇게 일해야 내 입에 밥이 들어오는구나. 마누라들도 남편들이 어디서 무슨 일을 하는지 모르는 경우가 많습니다.

한진중공업도 그때 97년엔가 파업할 때, 그때 영도에도 춤바람 난 마누라들이 많았습니다. 노조에서 마누라들을 공장으로 초청하자, 이렇게 된 겨. 신랑들이 어떻게 돈 벌어 오는지 알면 그 돈 가지고 춤추러 못 갈 거 아니냐? 그래서 노조에서는 마누라를 모셔 오기로 결정을 했더만, 아저씨들이 난리가 난 거야. 쪽팔리게 어디를 델꼬 오냐고. 우리 마누라는 내가 어디서 무슨 일을 하는지 아직도 모른대요. 실제로 진짜 그래요. 결국 모시고 왔어요. 그래서 남편들 화이바 쓰고, 안전화 신고, 남편들 하루에도 수백 번 오르내리는 탱크를 난생 처음 한 바퀴를 돌고 온 거예요. 다시 모였습니다. 물었습니다. 어떻습디까? 연세 드신 아주머니들은 다 울어요. '우리 아저씨가 이런 데서 일하는지 몰랐습니다. 앞으로 잔업 안 하고 온다고 잔소리 안 하겠습니다.' 젊은 여자들은 첫마디가 뭐였는지 아셔? '속았다.' (웃음)

단순 반복 작업하는 노동자 얘기가 찰리 채플린의 〈모던타임즈〉에 보면 나오잖아요. 채플린이 왼종일 공장에서 볼트만 조이다가 퇴근하고 집에 가서도 튀어나온 거 전부 다 조이지요. 마누라 궁뎅이도 조이고, 문고리도 조이고, 단추도 조이고.

　제가 조선소에 들어가서 진짜 끔찍한 죽음들을 많이 본 게 철판 밑에 끼우는 '야' 라는 게 있습니다. 딱 도끼날처럼 생겼어요. 이게 날라와서 반을 딱 쪼갠 것도 봤습니다. 한번은 크레인 신호수 아저씨가 철판을 빼는데, 이 날라가는 철판이 하필이면 걸려서 튀었는데요. 이 신호수 아저씨가 철판에 기대고 있었습니다. 치고 지나갔는데, 옆에 있던 사람들이 쫓아가서 바지를 벗겼는데 아랫도리가 하나도 없었습니다. 그때까지도 그 아저씨는 눈을 뜨고 쳐다보고 있었어요. 그 눈빛이 어땠을 거 같습니까? 제일 끔찍한 시신이 감전 사고로 죽은 시신이었습니다. 혈관이 다 터져 죽었습니다. 여기도 전기 만지는 양반들 계시지만, 진짜 조심하세요. 제일 어이없이 죽은 사람이 탱크에 들어갔다 나올 길을 못 찾아서 죽은 사람이에요. 개미굴보다 더 복잡해요.

　제가 조선소 들어가면서 용접기능사 2급 자격증 따고 들어갔는데요, 처음에 현장에 배치받으니까, 여기다가 집어넣더라고. 탱크 안에 들어가면 나오지를 못해요. 며칠 동안 탱크 안에서 뭐 했냐 하면 철판의 그 홈만 메꾸고 다니는 거예요. 철판이 포철에서 나올 때부터 홈이 패인 게 많거든요. 그런데 바깥에 나왔는데도 걸어 다니면 아스팔트 패인 것만 보여요. 왼종일 차 밑에서 볼트만 수만 개를 죄던 노동자가 퇴근하고 집에 가서 마누라랑 뭔 얘기하겠습니까? 내가 오늘 볼트 몇 개 죄고 왔다. 이 사람은 집을 나가서 들어갈 때까지 한 일이 그거밖에 없어요.

자본주의 사회에서 노동자의 노동이 불행한 건 경제적으로 착취당한다는 사실도 있지만 인간의 영혼을 파괴당하면서 사는 거예요. 저는 조합원들의 영혼을 지켜주는 게 그래도 노동조합이라고 믿습니다. 인간을 인간답게 노동자를 노동자답게. 근데 그런 것들이 점점 더 오염되어가는데, 어쨌든 그래도 저는 그런 노동조합의, 그런 조직의 한두 사람이라도 올바른 정신을 가진 간부가 있다면 저는 그 조직은 버텨 나간다고 생각해요. 다들 패배감에 빠져 있으니까 그게 문제인데요.

구조 조정은 노동자의 존재를 파괴하는 것

이명박 정권이 공공 부문에 구조 조정들을 끊임없이 하는데 결국 민간 부문의 구조 조정을 강제할 수밖에 없습니다. 지금 필수 유지 업무 이런 얘기도 합니다만. 대체근로니, 이걸 공공 부문에서 막아 내지 못하면 민간 부문으로 다 넘어올 수밖에 없어요.

2001년에 대우자동차에서 1750명이 한꺼번에 잘렸어요. 올해 이명박 씨가 민주노총을 방문하기로 한 날 그 약속을 일방적으로 깨고 대우자동차 부평공장을 갔습니다. 이 1750명을 복직시킨 게 노사 합의의 모범이다 이래 가지고. 이 사람들이 저절로 복직된 게 아니라 4년을 넘게 천막 치고 농성을 한 건 아시죠? 1750명한테 복직 명령이 떨어졌는데 돌아온 사람은 1600명이 채 안 됐답니다. 그나마 50명은 생사가 확인 됐어요. 그 해고돼 있는 기간에 대리 운전 하다가 죽은 사람이 몇 사람, 이른바 노가다를 하다가 죽은 사람이 또 한 몇 사람, 그리고 그 기간 동안 이혼을 하고 가정이 완전히 풍비박산이 나고, 그리고 영혼도 풍비박산나서, 자동차를 만들 수도 없을 만큼 영혼이 파괴된 사람들이 또 열몇 사람. 그런데 나머지, 100여 명은 생사도 확인이 안 됐습니다. 어떤 연락도 안 되는 거예요. 저는 아마 그 사람들이 노숙자가 되어 있지 않을까, 짐작할 뿐입니다.

이 1750명이 짤렸을 때, 아빠가 회사에서 짤리고 나니까 아들내미 학교에서 우유 급식을 하는데 우유 값 몇천 원 줄 돈이 없더래는 거예요. 짤리면 그렇게 됩니다. 애가 우유를 못 마셨는데, 한 날은 보니까 우유를 먹더래. 엄마 몰래. 집에서 돈 준 적이 없는데 애가 우유를, 그것도 엄마 몰래 먹으면 둘 중 하나잖아요. 남의 거 훔쳐 먹는 거 아니면 뺏어 먹는 거. 그래서 아이를 붙잡고 물은 거예요. 너 그 우유 어디서 났는지 바른 대로 말해. 그랬더니 선생님이 착하다고 하나씩 준다고 그러더래. 그게 사실이면 선생님한테 인사라도 해야 될 거 아니에요. 그래서 담임 선생님한테 전화를 하니까 선생님이 하시는 말씀이 우유를 대리점에서 들고 오면 그 우유를 교실까지 날라다 주는 게 아니라, 현관에 내려놓고 가 버린대요. 누군가 교실까지 날라야 하는데 초등학교 3학년짜리가 누가 시킨 것도 아닌데, 그 수십 개의 우유 중에 지가 마실 거는 하나도 없었다고 합니다. 친구들이 마실 우유를 그 작은 팔에 안아서 혼자 몇 번을 계단을 왔다 갔다 하면서 나르고 있더래요. 그걸 본 선생님이 그 야말로 착하다고 애한테 우유를 한 개 줬더랍니다. 그 얘기를 들은 에미 마음이 어땠겠습니까? 근데도 아들한테 할 수 있는 얘기가 한 가지밖에 없더래요. '그렇게 먹고 싶으면 엄마한테 진작 말하지. 왜 말 안 했어?' 아홉 살짜리가 그러더랍니다. '그 말 하면 엄마 또 울 거잖아.' 구조 조정이라는 건 노동자들의 존재를 파괴하는 일입니다.

이명박 정권이 들어서서 저렇게 나오는데요. 노동자들이 정규직, 비정규직을 떠나서 저는 연대하면 살길은 있다고 생각해요. 우리가 할 수 있는 일은 오로지 연대하고 단결하는 것뿐인데, 그런 가치들은 세상이 바뀌는 날까지 절대 변할 수 없는 것이라고 생각합니다.

FTA 문제도 그렇지만 저는 제일 중요한 문제들이 패배감이라고 생각해요. 이렇게 한두 번 싸워 보고 이제는 안 되는구나. 미리 접어 버리는. 지금보다 더 힘든 상황에서도 싸움들은 이어져 왔고, 결국 그 싸움들이 우리를 이만큼 지켜 왔더랬습니다. 저는 우선 이 이랜드 싸움부터 진짜 끝장을 내는, 여기 계신 분들이라도 이랜드 노동자들에 대한 관심들을 잊지 마시고 그이들이 오늘 저녁은 뭘 먹었는지 내일 집회에는 차비가 있는지부터 헤아리는 일부터 한다면 저는 승리할 수 있다고 믿습니다. 그날까지, 끝까지 함께하시기를 바라면서 이상으로 강의 마치겠습니다.

질문과 답변

청중   저는 고향이 창원이고 저희 아버지께서 대우중공업에 스무 살 때 취직을 하셔서 노동자로 지금까지 살고 계신데, 만약에 20년 희생을 해서 키우신 딸이 있다면 노동운동을 하라고 하는 것에 대해서 괜찮다고 할 수 있을지, 유치한 질문이기는 해도 앞으로 제가 갈 길에 좀 방향을 제시해 주실 수 있을 것 같아서…….(웃음)

김진숙   저는 다행히 새끼가 없습니다. 글쎄요. 한진중공업 아저씨들을 뵈면은 진짜 잔업을 많이 하세요. 코피가 터지고, 나중에는 자기가 어디 들어가 있는 줄도 모를 정도로 18번 탱크에 들어가라는데 22번 탱크에 들어가 있고, 이럴 정도로 잔업들을 많이 하세요. 근데 왜 이렇게 잔업을 많이 하느냐 하면은, "내 새끼는 나처럼 안 만들어야 될 거 아이가." 이게 제일 많은 대답이었습니다. 그런데 결국은 그 새끼들이 노동자가 돼요.

그런 거를 저는 너무나 많이 봤더랬는데, 옛날에 한진중공업에 김해용이라는, 제가 쓴 《소금꽃나무》라는 책에 보면 그분 말씀이 나오는데, 이분이 정년을 얼마 안 두고 노동조합 활동을 진짜 열심히 하셨더랬어요. 그동안은 노동문제에 대해서 전혀 관심 없으신 분이었는데 왜 이제 노동조합에 대해서 열심히 일하시냐 했더니, 치사한 게 뭐냐 하면 정년퇴직을 앞둔, 그때는 명

예퇴직이 일반화되어 있지 않은 때였는데 대기업 같은 경우에는 노조 간부들이나 찍힌 사람들은 잔업을 안 시켜요. 그러면 돈도 줄어들 뿐더러, 특히 정년퇴직 앞두신 분들은 잔업을 안 시키면요 퇴직금이 반도 안 돼요. 근데 이분은 그걸 다 감수하고 노동조합을 진짜 열심히 하셨더랬어요. 그래서 이유가 뭐냐 했더니, 아들이 동아대학교를 다녔답니다. 자기는 자기 새끼 그렇게 안 만들려고 그렇게 평생을 잔업해 가면서 정년을 앞두고 있었는데, 어느 날은 집에 가니까 마누라가 사색이 되어 있더래요. 왜 그러냐 그랬더니, 아들내미 잠바 주머니에서 뻘건 머리띠가 나온 거예요.

이분이 며칠을 잠을 못 주무셨답니다. 아들하고 그동안 대화가 없었다는 것도 문제가 됐지만, 결국 내가 세상일에 대해서 외면하고 눈감았던 게 아들이 결국은 머리띠를 매고 거리로 나설 수밖에 없는 세상을 만들었구나, 이런 것 때문에 그래도 자기가 해야 할, 나이가 이미 들긴 했지만 내가 해야 될 몫이 있지 않겠느냐고 이분은 정말 헌신적으로 열심히 사심 없이 노동조합 활동을 하셨던 분입니다.

저는 이런 얘기를 하는 게 결코 쉽지 않은 일이라는 생각이 듭니다. 저도 솔직히 말씀드리면 제 새끼한테 뭐 온갖 불이익을 감수하고 싸워야 된다는 얘기를 할 수 있을지는 잘 모르겠어요. 그런데 어쨌든 간에 그런 사람들이 많아지고, 이런 게 넓어져야 그나마 살 만한 세상이 된다는 생각은 듭니다.

청중   들으면서 생각이 많이 드는 게 일용직 노동자들이 많아졌어요. 노조 만들려다가 해고당하고, 해고당하면 쫓겨나서, 공장 밖에서 집회를 해야 되고, 그러면은 잡혀가서……. 악순환이 반복되고 있는데요, 비정규직 노동자들이 정말 힘든 시점에서 돌파구를 마련할 수 있는 방법은 어떤 것이 있다고 생각하시는지?

김진숙   제가 계속 부정적인 내용만 말씀을 드렸는데요, 여기 철도노조 동지들이 몇 분 와 계시고, 현대자동차 판매에서도 몇 분이 와 계시는데, 저는 이분들이 희망이라고 생각해요. KTX 여승무원 동지들이나 이런 분들이 2년을 넘게 싸울 수 있었던 것도 어쨌든 미약하긴 하지만 자신들을 지지하는 정규직 노동자들이 있고, CMS로 생계비도 지원해 주고, 그리고 정규직 노동자들이 자신들에 대한 관심의 끈을 놓지 않는다는 것 때문에 어렵게나마 싸움을 해 왔더랬습니다.

정규직 노조가 나서지 않으면 비정규직 문제는 절대 해결되지 않습니다. 정규직 노조와 비정규직 노조가 연대해서 싸운 데는 거의 대부분이 다 이겼습니다. 그리고 이랜드 노동조합 투쟁이 훌륭한 게 정규직들이 같이 싸웁니다. 그래서 저 싸움들은 더더군다나 이겨야 한다고 생각해요. 이랜드 같은 경우에는 이전에도 그렇게 해서 승리를 한 경험이 있어요. 몇 군데 사례들이 어쨌든 간에 정규직들이 함께 싸운 데는 다 이겼습니다.

열심히 사는데 왜 우린 행복하지 않을까?

한국 근현대사의
추악한 진실

한홍구

우리는 계속해서 과거 청산할 거리를 만들고 있어요. 60년 동안 축적돼 있는 걸 해결해도 시원찮을 텐데. 이거 지금 제대로 못하면요, 우리 후손들이 신자유주의 문제에 대한 과거 청산 작업을 해야 할 거고 청문회 해야 할 거고, 한미 FTA 청문회 또 해야 할 겁니다. 이거 지금 막아야 돼요. 지금 우리가 그 고리들을 끊어 나가야 하는 거죠.

한국 근현대사의 추악한 진실

저는 성공회대학교에서 한국 현대사 가르치고 있고요, 평화박물관 건립 추진 운동을 하고 있습니다. 얼마 전까지는 '국가정보원 과거사건 진실규명을통한발전위원회'라는 국가기구에서 활동을 했습니다. 오늘은 저한테 주어진 주제인 한국 근대사의 추악한 진실에 대해서 말씀을 드릴까 합니다.

과거 청산. 신문에서 보면 뭐라고 떠듭니까? 우리가 할 일도 많은데, 21세기에 미래로 나아가야 하는데 과거에 발목 잡힌 것 같지 않으십니까? 귀한 저녁 시간에 열심히 밝은 미래의 얘기를 하는 게 아니라 과거 얘기만 한다는 그런 생각 안 드십니까? 그렇게 많이 신문에서 떠들지요. 지금 대답하신 여러분들은 조중동을 열심히 읽으시는 분들임에 틀림없습니다.(웃음)

과거 청산 얘기하다 보면 친일파 얘기가 안 나올 수가 없지요. 친일파 얘기를 하려면 저도 좀 갑갑합니다. 우리가 해방된 게 언제인데. 해방된 게 벌써 62년이 지났고, 친일파라고 하면 그래도 그 시대에 뭔가 좀 떡고물이라도 얻어먹고 그럴려면 한 30세는 됐어야 할 텐데. 그때 나이 30이면 몇 살입니까? 지금 90살이 훌쩍 넘어서 100살 되거나 대부분 죽었다고 봐야 되겠지요. 그런데 아직까지도 친일파 타령을 해야 되느냐. 저도 사실 갑갑할 때가 많습니다.

타이밍 놓친 과거 청산

과거 청산이라고 하면 조중동에서 핏대를 올리지요. '좌파들이 하는 것!' 하지만 세계 흐름에 비춰 본다면 과거 청산을 대차게, 빡세게 한 데는 좌파가 아니라 우파죠. 프랑스도 있지만 20세기 후반에 본다면 동구라파가 있습니다. 동구 공산 정권이 무너지고 난 다음에 우익들이 정권을 맡지 않습니까? 우리가 표현을 과거 청산이라고 하다 보니까 지난 일을 다룬 것 같지만 동구에서는 옛날 일을 다룬 게 아니죠. 동구는 정권이 어떻게 됐습니까? 그냥 무너진 게 아니라, 정권이 움직이다가 '동작 그만'이 돼 버렸죠. 동구에서 과거 청산이라는 표현으로 행해진 작업들은 엊그제까지 비밀경찰이 생생하게 사람들을 감시하고 도청하고 체포해서 고문하던 그런 사안들을 청산 해 버린 거죠. 동구는 우리보다도 훨씬 강력하게, 또 현실적인 문제들을 가지고 얘기를 했습니다.

한국에서는 과거 청산이라는 말로 표현하지만 동구나 다른 나라에서는 주로 과거 청산이라는 표현보다는 이행기의 정의. 그러니까 '구체제에서 새로운 체제로 이행하는 과정에서 정의를 세운다'로 표현하거나 또는 오래 됐다 싶으면 '역사적 정의'라는 표현을 씁니다.

그런데 우리는 왜 그렇게 두리뭉실해졌냐 하면 단 한 번도 과거 청산을 못했기 때문입니다. 과거 청산을 할 만한 타이밍이 있었는데 그 타이밍들을 계속 놓쳐 왔던 거죠. 가장 중요한 해방 때 놓쳤고, 1960년 4월 혁명 때 놓쳤고, 1979년에서 1980년 박정희가 죽었을 때 그때 정말 했어야 했는데 놓쳤고, 1987년 6월항쟁 때 사실은 싹 쓸어버렸어야 했는데 그때 놓쳤고, 양 김씨(김대중·김영삼) 갈라지면서 놓쳤죠. 1997년, 1998년 외환 위기 왔을 때 그때 재벌들 관료들 정말 청산했어야 했는데 그때 놓쳤고, 그리고 마지막으로 놓친 게 언제입니까? 2004년 탄핵 때 수구들이 돌격 앞으로!를 외치며 뛰어나갔지요. 그전에는 수구가 하라는 대로 대중들이 따랐다면 이때는 수구들만 자기들끼리 앞으로 뛰어나간 것 아닙니까? 그때 딱 들어다가 분리 수거 확실하게 했어야 했는데 그때 분리 수거 못하는 바람에 또 놓쳤고, 계속 타이밍들을 놓치다 보니까 청산하지 못한 과거가 너무 많이 축적된 거예요.

다른 나라들도 과거 청산을 하지만 과거 청산의 사안이 우리처럼 중첩돼 있고 복잡하지는 않아요.

여러분, 해방 당시로 잠깐 돌아가 볼까요. 여러분들이 친일파였다고 생각해 보세요. 현실적으로 어떤 생각이 드셨겠습니까? '이제 죽었구나.' 그때 '내가 여기서 살아남아서 다시 집권할 거야' 하는 야무진 꿈을 꾼 친일파가 몇 명이나 됐을까요. 거의 없었죠. 그런데 우리는 과거 청산에 실패했어요. 그냥 실패한 게 아니라 친일파 민족 반역자를 청산해야 한다고 주장하던 양심적인 세력이 거꾸로 친일파들에게 청산당해 버렸죠. 우리는 역청산이 일어난 케이스입니다. 그래서 우리는 상당히 복잡해질 수밖에 없겠죠. 과거 청산은 전 세계적인 현상이라고 말씀드렸습니다. 동구뿐만 아니라 아시아 아프리카의 많은 나라들, 라틴아메리카에서도 과거 청산을 합니다. 근데 그쪽 나라들과 한국과의 차이는 그런 나라들은 대개 냉전이 끝난 다음에 과거 청산이 시작이 됩니다.

그런 나라들이 독재가 무너지면서 각각 과거 청산을 하게 됐는데, 한국의 경우에는, 아마 필리핀과 한국이 그런 면에서는 선구적이었을 텐데 냉전이 끝나기 전에 민주화를 시작했죠. 6월항쟁이 저는 그런 면에서 의미가 상당히 크다고 생각합니다. 6월항쟁 이후에 민주화가 시작이 되고 그러면서 과거 청산이 진행이 되고 한국뿐만 아니라 전세계 많은 나라들이 과거 청산을 그런 식으로 시작을 했습니다. 그래서 서방세계뿐만 아니라 과거의 동구 공산주의 진영까지 해서 이런 나라들이 과거 청산이 시작이 됐어요. 그런데 과거 청산은 결코 조용한 작업은 아닙니다. 과거 청산이 비교적 조용하게 이루어지는 경우는 동독처럼 게임이 끝난 다음에, 청산되어야 할 곳이 완전히 힘을 상실한 상태에서 정말 청소해 버리는 그런 식으로 갈 때 입니다. 대부분의 과거 청산은 시끌벅적하죠.

그런데 한국처럼 시끄러운 나라는 또 없어요. 한국은 왜 시끄러울까요. 문제는 청산되어야 할 세력이 아직도 힘을 갖고 있기 때문이지요. 다른 데는 대개 게임이 끝난 다음에 과거 청산을 하는데 한국은 어때요? 현재 권력을 갖고 있거나 현재 한국 사회에서 헤게모니를 행사하는 그런 집단들을 공격하기 위한 수단이라는 측면도 분명히 저는 있었다고 생각을 합니다.

그러다 보니까 청산당하는 쪽은 기분 나쁘겠죠. 당연히 그쪽에서 반발이 일어납니다. 과거 청산을 한다면 합의해서 저거 치우자 그런 게 되어야 할 텐데 한국의 과거 청산은 어떻습니까? 잘못된 과거에 대해서 추악한 일들을 만들어 낸 세력이 그걸 추악하다고 전혀 생각하지 않고 아름다운 과거, 대한민국의 정통성, 뿌리라고 보지요. 그리고 추악하다고 지적하는 사람들을 공격하지요. 절대로 과거를 잘못됐다고 인정하지를 않습니다. 반성하지 않아요. 과거에 무슨 일이 있었다고 고백하지 않습니다. 피해자들에게 사죄하고 용서를 구하지 않습니다. 어떻게 나옵니까?

친일 얘기 떠들면 뭐라고 그래요? 니네들이 그때 안 살아 봐서 몰라. 조작 간첩 얘기 나오면 뭐라고 합니까? 간첩 잡아다가 고문했다고 어쩌구 저쩌구 하는데, 간첩이 어떤 놈들인데, 간첩이 그냥 둬서 불어? 그런 놈을 간첩으로 내려 보내? 간첩이면 고문해야지. 민간인 학살은 어떻게 얘기합니까? '그때 빨갱이들 잡아 죽이지 않았으면 대한민국은 없어.'

이런 거거든요

절대로 과거를 반성하지 않아요. 우리는 합의가 되어서 과거 청산을 한게 아니에요. 그런데 우리는 어때요? 화해를 누가 얘기합니까? 우리는 우리가 가해자한테 화해를 구걸하고 있습니다. 사실은 가해자가 반성을 하고 용서를 구해서 화해가 이루어져야 하는데 우리는 전혀 케이스가 달랐습니다. 자, 남아프리카 공화국은 '진실과화해위원회'를 만들었고 과거 청산의 모범적인 사례처럼 얘기가 됩니다. 하나의 유형으로서 굉장히 의미 있는 과거 청산을 했다고 생각을 해요. 넬슨 만델라가 그것 때문에 노벨평화상을 받았죠. 노벨평화상 혼자 받았습니까? 백인 대통령하고 같이 받았죠. 우리가 얘기하는 청산되어야 할 과거에 대해서, 추악한 사건들에 대해서 책임을 지고 있는 백인 대통령과 같이 받았습니다. 왜? 같이 합의해서 과거 청산을 했기 때문입니다. 진실을 고백하면 사면을 해 줬습니다. 근데 거기서 얘기하는 진실이라는 것은 우리 것하고 또 좀 틀려요. 우리는 어떻습니까? 수십 년 전에 한국전쟁 당시의 유골이면 정말 50년이 더 지난 다음에 햇볕 보는 것 아닙니까?

근데 남아프리카의 경우에는 과거 청산 문제가 그렇게 오래 된 과거가 아니에요. 우리처럼 30년, 50년 그렇게 오래 거슬러 올라가는 것이 아니라 엊그제 잡혀간 우리 남편 얘기, 석 달 전에 사라진 내 아들 얘기입니다. 근데 그 사람들을 잡아다가 고문을 했던 비밀경찰을 잡아다놓고 심문을 하는데, 심문 과정에서 기막힌 얘기들이 나오죠. 어떻게 나옵니까? '그 자식이 말야 우리가 물어볼 때 바로 대답을 했으면 우리가 뭐하러 고문을 했겠냐? 짜식이 뻔한 거를 갖다가 진술을 안 하고 감추고 그렇기 때문에 우리가 손 좀 봐줬다. 주물러 주다가 그날은 조금 재수가 없어서 사고가 나는 바람에 의식을 잃었는데 눈 뒤집어 보니까 별로 소생할 가능성이 없어 보여서 내다 버렸다.' '어디 내다 버렸냐? 시신이라도 찾아야지.' 그러면 씨익 웃으면서 '그걸 어떻게 찾냐? 악어가 다 먹어 치웠을 텐데……' 악어가 우글우글거리는 무슨 숲에다가 버린 건데. 자, 이걸 사면해 준 거예요. 이걸 사면해 줘야 합니까? 말아야 합니까? 기가 막힌 얘기지요.

유족들 입장에서는 기가 막힌 얘기 아닙니까? 그런데 그거를 사면을 했어요. 물론 사면에 대해서 반대하고 반발하는 측도 굉장히 많았습니다. 저는 당연히 많다고 생각을 해요. 남아프리카 진실과화해위원회의 위원이 한국에 왔을 때 제가 인터뷰할 기회가 있었어요. 그거 당신들 타협 아니냐? 왜 사면을 했냐? 그랬더니 그 양반 말씀이 또 기가 막힌 얘기예요. 뭐라고 얘기하냐 하면 아침에 죽지 않고 침대에서 일어날 권리를 위해서 사면을 했다. 무슨 얘기냐 하면 거기는 살육이 현재진행형으로 벌어지고 있으니까 그걸 멈추기 위해서였답니다.

그런데 백인은 왜 거기에 동의했습니까? 백인은 왜 멈추자고 얘기를 했습니까? 자기들이 현재는 정권을 잡고 있지만 이 권력을 얼마나 유지할 수 있을까? 그 부분이 의심스러웠던 거죠. 남아프리카 권력 굉장히 셌습니다. 거긴 핵무기를 가진 정권 아닙니까? 흑인 정권 들어서게 되면서 핵무기를 해체하고 이양했지만, 핵무기를 가진 정권이었거든요. 그 정권이 5년 더 가는 것은 문제없었을 겁니다. 아마 방어할 수 있었을 겁니다. 그러나 20년, 30년 가면 잘 모르겠지요. 그런데 권력을 가진 사람들 입장에서 생각해 볼 때 끝까지 권력을 잡고서 버티다가 권력을 뺏기면 어떻게 됩니까? 자기들 다 죽죠. 자기만 죽겠어요? 자기들 가족들까지, 아들 딸 다 죽을 거 아니에요. 친척들 발가벗겨서 남아프리카에서 쫓겨날 거 아닙니까? 그러니까 정치권력은 내주지만 경제적 사회적 지배적인 그 힘, 그런 것들을 유지할 수 있는 지금 상황에서 자기들이 힘을 갖고 있을 때 사과하자. 그렇게 돼서 된 거란 말이에요. 그러니까 그쪽은 사면입니다.

여러 가지로 거기도 우여곡절이 많았습니다마는 그래도 과거 청산이 됐는데. 우리는 어떻습니까? 우리는 절대 안 돼 하는 식으로 말았죠. 과거 청산과 관련해서 저는 국정원 과거사위에서 말도 못하게 싸웠습니다. 싸우면서 굉장히 힘들었던 것 중의 하나가 뭐냐 하면 꼭 국정원 과거사위뿐만 아니라 우리 사회에서 과거 청산의 전체적인 구도를 보면서 굉장히 힘들었습니다. 지금 과거 청산 굉장히 빌빌대죠. 그렇지만 한 3, 4년 전만 해도 그렇게 빌빌댈 거라고는, 이렇게까지 죽을 쓰리라고는 생각을 하지 않았습니다.

제가 들었던 생각이 뭐냐 하면 김대중 정권에서부터 우리가 과거 청산을 시작하고 나서 정부가 만든 위원회가 한 20개 됩니다. 워낙 과거 청산을 할 건덕지가 많다 보니까. 일제시대의 친일진상규명위원회, 강제동원위원회, 친일파재산환수위원회에서부터 더 거슬러 올라가면 동학농민전쟁위원회까지 있습니다. 그런 데서부터 시작을 해서 군의문사위원회나 국정원과거사위, 진실과화해위원회 등까지 한 20개쯤 위원회를 만든 거예요. 우리처럼 활동이 종료가 된 데도 있고 아직도 활동 중인 위원회들도 있는데 한 20개쯤 위원회를 만들었습니다. 그런데 제가 참 갑갑했던 게 위원회를 20개나 만들고 거기서 월급 받는 사람이 700~800백 명 됩니다. 적은 숫자라고 할 수는 없죠. 상당히 많은 숫자죠. 그런데 가만히 생각해 보니까 그 많은 사람을 동원해서 과거 청산작업을 하는데 단 한 명도 감옥에 보낸 사람이 없어요. 우리가 왜 그렇게 됐을까요. 상당히 중요한 부분인데요, 우리가 과거 청산 작업을 할 때 너무 과거 청산에 조급하게 나가다가 보니까 또 힘이 없는 상태에서 과거 청산을 하다 보니까 뭐랄까요. 과거 청산을 좀 구걸했다고나 할까요. 사실은 우리가 너무 얌전한 과거 청산을 해 왔다고 생각합니다.

여러분, 과거 청산을 하면서 처벌 얘기 들어 보신 적 없지요. 과거 청산 운동을 하는 사람들도 뭐라고 얘기했냐 하면 우리는 절대로 처벌하려는 거 아니야, 우리는 다만 진실을 밝히고자 할 뿐이야, 억울한 누명도 벗겨 주고, 진실을 밝히려는 거지 누구 처벌하려고 하는 거 아니야. 뭐 그 뜻이 좋았을지 모르겠습니다. 그런데 문제는 뭐냐 하면은 저 자신도 그런 얘기를 하고 다녔지만, 처벌 안 하면 진실이 규명될까요? 자, 고문한 사람들이 갑자기 개과천선을 해서 아, 진실을 밝혀야겠다고 그렇게 얘기합니까? 여러분 진실이 왜 밝혀집니까? 네가 고문했지? 네가 죽였지? 라고 얘기하면 아니야 난 안 했어요. 사실은 쟤가 했어요. 그렇게 얘기하던지, 아니면 어떡합니까. '나는 죄 없어요. 시키는 대로 했을 뿐이에요.' '누가 시켰는데? 상급자가 고문을 지시했어?' '상급자가 어떻게 지시했어요.' 그렇게 얘기하면서 고문이 이루어지게 되는 실체적인 어떤 체계 같은 것들이 밝혀지는 것 아닙니까? 그런데 우리는 처음부터 아무 것도 처벌하려는 게 아니다라고 하니까 어떻게 됐습니까? 미쳤다고 고백을 합니까? 여러분 한번 생각을 해 보세요.

저는 친일파하고 친일 행적이 있는 사람들하고는 좀 다르다고 생각합니다. 우리 사회에 보면 많은 사람들이 친일 행적을 했는데, 특히 지식인들, 자기 인생에 오점을 남긴 사람들이 많아요. 그리고 속으로도 굉장히 후회했을 겁니다. 진짜로 잘 버티다가 1945년 7월 달에 친일 시작한 사람은 자기가 생각해도 얼마나 분하고 원통하겠어요. 우리가 볼 때는 참 불쌍하고. 조금만 한 달만 더 버티지. 자, 근데 그런 사람들 중에서도 자기의 과거 행적에 대해서 잘못했다라고 반성하고 사과한 사람들 혹시 본 적 있으세요? 우리나라에서 친일 행적을 남긴 사람들 중에서 제대로 된 반성을 한 사람은 열 손가락 이내일 거예요. 그런데 사람들이 그렇게 파렴치했을까요? 그거 아니거든요. 왜? 반성하면 오히려 어떻게 됩니까? 반성을 못하게 하는 분위기가 형성이 됐던 거죠.

한국의 우파는 민족 반역자

한국 사회는 친일파 중에서도 그냥 일제시대 때 경력이 깨끗하지 못한 어떤 민족적 절개랄까 그런 거를 지키지 못한 사람이 집권을 한 정도가 아니라 친일파 중에서도 진짜 왕 친일파들이 집권을 했습니다. 저는 솔직히 친일파를 많이 봐줘야 한다고 생각하는 사람입니다. 과거 청산은, 낱낱이 파헤치는 것도 중요하지만 사실은 잘못했다고 인정을 하게 하고 그리고 그것을 적당한 선에서 사회적으로 용서해 주자는 그런 합의를 이루어 내는 것이 더 중요하다고 생각합니다.

자기가 자기 죄를 고백하고 반성하고 사죄하면서 용서를 구한다는 전제하에서 웬만한 친일파들은 다 봐줘도 된다고 생각을 해요. 그런데 그런 속에서도 봐줘서는 안 될 친일파들이 있죠. 어떤 사람들이냐 하면 독립운동하던 사람들, 민족해방운동에 나선 사람들을 밀고하고 체포하고 고문하고 학살한 놈들, 악질 고등경찰들, 이런 놈들 빼놓고는 웬만한 친일파들은 다 봐줘도 된다고 생각하는데, 한국 사회에서는 불행하게도 이런 놈들이 권력을 잡았습니다. 이런 놈들이 살아남은 거예요. 어떤 정신으로? '뭉치면 살고 흩어지면 죽는다.' 그 얘기를 정말 뼛속 깊숙이 절감을 한 사람들이 저는 친일파들이었다고 생각을 해요. 여러분, 정말 말이 안 되는 상황에서 우리가 졌잖아요. 친일파들조차도 친일파 청산은 당연하다고 생각을 하던 상황에서.

물론 게임이 그렇게 된 거는, 가장 중요한 원인은 미국이지요. 미국이 와서 친일파들 다 봐주고. 왜 봐줬습니까? 좌우 대립 때문에? 좌우 대립이라고 친일파들은 얘기를 하고 싶어하죠. 만약에 좌우 대립 때문에 우파가 필요했다고 하면 지금 대한민국에서 가장 안전하게 존경할 수 있는 분, 백범 김구 선생, 이념적으로 따지면 어떻습니까? 독립운동 하던 사람들을 이념적 스펙트럼으로 펼쳐 놓으면 맨 오른쪽 끝에 가서 기준 잡을 분이지요. 백범 선생이 가장 극우파입니다. 그런데 그런 극우파인 백범 선생은 어떻게 됐어요. 친일파들에게 살해당했잖아요. 미군정한테 배척당했잖아요. 왜? 진짜 우파니까.

우리 조중동이 좋아하는 '글로벌 스탠더드'에 비춰 본다면 우파의 기준이 뭡니까? 우파라는 게 민족 내세우는 거잖아요. 민족을 내세워서 그게 호소력 갖고, 또 민족만 내세우다 보니 계급 문제, 여성 문제, 장애인 문제, 소수자 문제가 다 덮여 버려 문제가 되고……. 이런 게 우파잖아요. 또 우파의 힘이 거기서 나오는 것이기도 하고, 백범 선생 같은 진짜 우파는 어떻게 됐어요? 숙청당했잖아요. 왜? 진짜 우파니까.

한국의 우파라고 자임하는 자들은 사실은 민족 반역자입니다. 우파는 민족을 내세우는데 지금 보세요. 한국의 우파들 뭐 내세웁니까? 동맹 내세우지 않습니까? 미국 내세우지 않습니까? 8·15날 성조기 들고 나오잖아요. 8·15에 성조기 들고 나오는 것은 봐줄 만해요. 봐줄 만하다기보다는 못 본 척할 수 있어요. 왜? 우리 해방될 때 미국이 중요한 구실을 했으니까. 하지만 정말 돌아버리겠는 건 3·1절에 성조기 들고 나오는 사람들이에요.

자, 한국 사회에서 진짜 우파는 사라져 버렸어요. 그리고 친일파들은 살아남았어요. 친일파들은 뭐라고 하면서 살아남았습니까? 좌우 대립이라는 핑계를 댔죠. 근데 본질은 좌우 대립만은 아니었다고 생각합니다.

여러분, 해방 당시에 백범 선생이 가장 우파였지만 백범이 이끌던 임시정부의 정강 정책을 한번 생각해 보시죠. 민노당원들에게는 미안한 얘기지만 그 우파 임시정부의 정강 정책이 액면가로 민주노동당 정강 정책보다 훨씬 좌파적입니다. 중요 산업 국유화, 토지는 농민에게, 무상교육, 무상 진료, 8시간 노동, 파업의 자유, 이거 지금 기준으로는 완전히 빨갱이 얘기 아닙니까? 민주노동당도 중요 산업 국유화 지금 얘기 못하죠. 근데 그 당시의 임시정부는 중요 산업 국유화 당당하게 얘기했습니다. 왜? 백범이 좌파라서요? 아뇨, 우파도 그 얘기할 수밖에 없어요. 왜냐? 중요 산업이 누구 거였습니까? 중요 산업만이 아니라 해방 전에 전체 산업자본 총액의 92퍼센트가 총독부와 일본인 소유입니다. 중요 산업은 아예 일본 놈들 거였어요. 그런데 그런 중요 산업을 국유화하지 않고 개인에게 나눠 주는 것이 이게 진짜 과격한 일입니다. 중요 산업 국유화는 너무나 당연하게, 우파도 너무나 당연하게 받아들일 수 있는 정책이죠. 그런데 민족 우파한테 맡겨 놓으면 그렇게 가니까 미국이 개입을 한 겁니다.

우리는 왜 졌습니까? 친일파 청산 너무나 당연한 것, 잘 되겠지, 그러고 있다가 당한 거예요, 그쪽은 죽기 아니면 까무러치기. 이것 못하면 죽는다. 그래서 친일파들이 살아남았습니다. 그리고 이 친일파들이 살아남아서 과거의 문제들이 꼬이기 시작하는 것이지요.

저는 친일파들이 살아남은 결정적인 계기가 된 것이 바로 1949년 6월에 벌어진 반민특위 습격 사건이었다고 생각해요. 1949년 5, 6월에 걸쳐서 역사책에 보면 따로 따로 얘기가 됩니다. 남로당 프락치 사건이 있고, 반민특위 습격 사건이 있고, 백범 김구 선생의 암살 사건이 있습니다. 이 세 사건이 따로 나와 있는데 사실은 한 가지 사건입니다. 친일파 민족반역자들이 반격을 가하는 것이지요. 반민특위라는 게 뭡니까? 지금으로 얘기하면 과거사청산위원회 그런 거 만들자고 한, 1988년도에 비유한다면 5공 청산하자고 주장했던 소장파 국회의원들, 이런 사람들을 빨갱이로 몬 거죠. 남로당 프락치로 몰았고, 그리고 경찰이 습격해서 깨뜨리지 않았습니까? 그리고 백범 선생을 암살한 것이죠. 이 세 가지 사건은 한 가지 사건입니다. 이 사건으로 친일파들이 대한민국에서 주도권을 확실하게 잡아 버린 거죠.

그리고 한국전쟁이 일어났습니다. 전쟁이 결말이 나지 않고 친일파들이 미국의 도움을 받아서 지켜 냈잖아요. 그건 무엇을 의미하냐 하면 친일파들 입장에서 미터기 다시 꺾은 거예요. 그전까지는 정통성 문제에서 얘기를 꺼낼 수가 없었는데 전쟁 과정에서 완전히 세탁을 다 하고 새롭게 출발을 해 버린 것입니다. 전쟁 과정에서 얼마나 많은 사람들이 죽었습니까? 100만 명에 가까운 사람들이 학살당했습니다.

묻지 마, 다쳐

자, 과거 청산을 두고 구역을 나눈다면 일제 시기와 관련된 친일 문제, 한국전쟁과 관련된 문제, 그리고 군사정권과 관련된 문제, 일본 등 타국과 관련된 문제 이렇게 네 덩어리로 나눌 수 있을 것입니다. 시기나 주제로 나누면 그렇지만 가해자로 따지면 복잡하지 않습니다. 그냥 친일파예요. 친일파와 그 후예들. 거기서 후예들이란 꼭 아들 손자를 의미하는 것은 아니고, 친일파를 이어받은 집단, 그쪽이 잡은 거예요.

민간인 학살이 뭡니까. 친일파들이 집권을 했어요. 그런데 그 당시에 살던 사람들은 쉽게 얘기해서 '나는 네가 지난 여름에 무엇을 했는지 다 알고 있다'였죠. 제가 1980년 광주 이후에 현대사를 공부하기 시작했을 때 선생님들이 다 말렸습니다. '그런 걸 뭐 하러 공부하느냐, 위험하다, 다친다' 그러셨어요. 한국 현대사가 금기 투성이에요. 몇 년 전 핸드폰 광고 중에 재밌는 광고가 있었는데, 핸드폰이 따르릉 울리고 대화를 하니까 전화 끊은 뒤 옆에 있던 애인이 묻죠. "누구야? 무슨 전화야?" 그랬더니 뭐라고 얘기합니까? "묻지 마, 다쳐." 저는 그 광고를 보면서 여러 가지 생각이 들었습니다. 한국 사회가 민주화가 되기는 됐나 보다 하고. '묻지 마, 다쳐'라는 말이 진짜 심각한 이야기였거든요. 무엇을 묻지 말라는 얘기입니까? '지난 여름 무엇을 했는지.' 친일 행적이지요. 친일 문제가 한국 사회의 가장 큰 금기였습니다. 근데 묻지 말라고 경고를 했는데도 계속 묻는 놈이 있어요. 말 많은 놈들. 어렸을 때 그런 말 안 들으셨어요? 말 많으면 빨갱이. 빨갱이들 어떻게 처리합니까? 진짜로 다치게 했죠. 그게 민간인 학살입니다. 쉽게 얘기해서 빨갱이 뿐만 아니라 빨갱이의 가족까지, 동조 세력까지 잠재적인 위협 분자였습니다. 그래서 다 숙청을 해 버린 거 아닙니까? 그런데도 꾸물꾸물 살아나는 그 세력들을 중앙정보부나 안기부, 보안사 그런 데서 탄압한 게 바로 권위주의 정권 시절의 인권침해였지요.

저는 친일파들이 살아남아서 대한민국 사회를 어떻게 좌지우지해 버렸는지 잠깐 이야기했었는데요. 지금 백범 선생을 드디어 10만 원권 지폐에 그려 우리 지갑 속 깊숙이 모시게 될 모양입니다만 백범 선생도 착잡하실 거예요. 왜? 백범 선생은 가장 반 대한민국적인 사람이었으니까요. 대한민국 정부가 수립될 때 이런 반 쪼가리 정부, 대한민국 임시 정부하고는 아무런 상관이 없다면서 대한민국 수립에 참여하지 않으셨죠. 참여하지 않은 정도가 아니라, 대한민국 정부 수립을 온몸으로 내던져서 막기 위해 남북협상을 한 것 아닙니까?

남북협상 복잡하게 얘기할 것 없어요. 독립운동하던 사람들끼리 다시 얘기하자, 백범이 김일성에게 보낸 편지, 또는 김두봉이 백범한테 보낸 편지에 왔다 갔다 하는 내용들이 뭡니까? 다 옛날 독립운동 시절 얘기들 갖고, 그때 이런 얘기했지 않았느냐. 그때 우리가 손잡으려고 하지 않았느냐, 잠시 우리가 떨어져 있지만 다시 만나자. 꼭 누가 옆에 끼어들어서 이간질시켜서 헤어졌던 애인들끼리 주고받는 듯한 그런 편지를 주고받은 것 아닙니까?

저도 백범 선생이 훌륭한 분이라고 생각해요. 개인적으로 백범 선생을 존경합니다만, 그러나 한국 사회에서 백범 선생이 존경받는 정치학 자체는 좀 짚고 넘어갈 필요는 있다고 생각합니다. 백범도 권력이 앞에 왔다 갔다 하니까 눈앞에 콩깍지가 끼고, 친일파 돈도 받고, 친일파들하고 손잡고 그렇게 하려고 그랬어요. 그런데 그렇게 하려고 하다 보니까 나라가 결단날 것 같으니까 아차, 내가 잘못했구나 하는 반성에서 나왔고 목숨 걸고 한 것 아닙니까? 이것이 백범이 위대한 점입니다. 백범보고 목숨 안 걸고 나왔다고 할 수 없죠. 어떻게 죽었습니까? 백범이. 이런 부분에서 한국 사회에서 과거 청산이라는 것은 백범을 죽인 세력과 그렇지 않은 세력간의 싸움이었다고도 할 수 있겠죠.

그런 입장에서 사실은 대한민국의 백범 선생 같은 경우는 우파지만 진짜 민족 우파였죠. 무엇보다도 민족을 중시하는 우파. 이렇게 가다가는 민족이 갈라지겠다, 백범 선생이 위대하다고 하는 이유가 잘못을 알

앉기 때문이 아니라 잘못을 바로 잡으려고 했기 때문이죠. 백범 선생이 그거 안 하고 죽었으면 10만 원짜리에 백범 선생이 올라갈 이유도 없고 백범 선생이 우리 사회에서 존경받을 이유가 없다고 저는 생각해요.

이승만과 박정희를 존경한다라는 것은 커밍아웃하는 거죠. 나의 수구 꼴통성을 만천하에다가 커밍아웃하는 것이니까 정치인들 입장에서 그야말로 거시기하다는 것입니다. 그렇다고 사회주의 독립운동한 사람을 얘기할 수는 없고. 백범 선생이 무난한 거지요.

사실 과거 청산 문제 얘기하다 보면 과거 청산보다는 우리가 잃어버린 기회만 제대로 얘기해도 하루저녁 가지고 모자랍니다. 우리는 1945년의 기회를 그렇게 놓쳤습니다. 그리고 전쟁이 일어나서 친일파들이 어떻게 됐습니까? 독립 운동가들 때려잡던 정말 일제의 가장 악랄한 앞잡이들이 어떻게 됐습니까? 경찰 수뇌부가 되고 반공 투사가 되는 거 아닙니까? 공산당 때려잡는 전문가가 되는 것 아닙니까? 좌우익 투쟁 속에서 가장 필요한 사람들이 되어 이승만이 불러다가 자네 같은 사람이 있어서 두 다리 뻗고 자네, 그런 얘기를 하는, 정말 대한민국이 가장 필요로 하는 인물로 딱 등장을 하는 거죠. 그러면서 뭐라고 얘기해요? 친일파 청산을 얘기하는 놈들이야말로 소련 앞잡이들이다. 그런 놈들이야말로 민족 반역자다. 이런 것을 뭐라고 합니까? 적반하장이라고 하죠. 적반하장의 극치를 이루면서 이 사람들이 정권을 잡았죠.

친일파와 군부에 좌절당한 4·19

그리고 1960년 4·19를 맞았어요. 4·19 이거 엄청난 사건입니다. 4·19는 멸균실 수준의 학살이 지나가고 불과 7년 만에 일어난 거예요. 53년 7월 달에 종전이 됐잖아요. 그런데 60년 4월 달에 불과 만 7년 만에 학생들이 들고 일어났어요. 그때 고등학생이 시작했습니다. 우리가 김주열 열사라고 그러죠. 채 고등학교에 들어가지도 않았을 때였는데 김주열은 마산상고에 합격을 하고 마산에 내려가 있었던 고등학교 입학 대기자였는데 데모에 참여했다가 최루탄을 맞고 사망했습니다. 그 이외에도 처음에 대구 2·28 사건도 고등학생들부터 시작이 됐습니다.

4·19가 일어나니까 어떻게 됐습니까? 통일을 가로막던 이승만이가 없어진 거 아닙니까. 그러자 통일 열기가 살아나는 겁니다. 4·19 때 학생들이 어! 하다 보니까 정권이 바뀌었잖아요. 학생들이 너무 준비가 없다 보니까 이승만의 자유당보다 어떤 의미에서는 더 친미적이고 보수적인 민주당 정권이 들어섰고 학생들 쪽에서 통일에 대한 요구가 나왔습니다. 자 통일이 되면 어떻게 됩니까? 그런데 불행하게도 모든 사람이 통일을 원할 거 같지만 통일을 싫어하는 사람들도 많이 있죠. 4·19 때보다 지금이 훨씬 더 많이 늘었다고 생각을 합니다. 그럼 4·19 때에는 누가 싫어하겠습니까? 친일파들이 싫어했겠죠. 왜냐하면 북쪽은 친일파 청산을 했고 남쪽은 친일 청산을 안 했는데 통일이 되면 적당히 섞어서 청산을 해야 합니까? 아니면 완전히 북쪽이 했듯이 싹 청산을 해야

합니까? 싸그리 청산해야겠죠. 그러니까 친일파들은 통일되면 괴롭습니다.

친일파들 처지에서는 통일 이거 굉장히 골치 아픈 정도가 아니죠. 전에 임수경이 북한 갔을 때 그 이후에 나온 한겨레 박재동 화백 그림판의 걸작 중 하나가 선그라스 낀 기관원들이 학생들 붙잡아 놓고 취조하면서 '너 그러다가 통일되면 책임질 거야?' 하는 겁니다. 정말 그 절절한 심경을 여러분은 모르실 겁니다. 친일파들 처지에서는 통일 얘기가 정말 겁나는 얘기죠.

여러분 지금 통일 얘기 나오면 학생들이 어떤가요? 열광하나요? 별로지요. 이산가족 문제 나오면 어때요? 텔레비전에서 휠체어에 앉은 영감님의 그냥 몇십 년 전 얘긴가 보다라고 생각하죠. 그런데 1960년도의 통일 문제를 한번 생각해 보세요. 여러분 1960년도에 대학생들이 4·19의 주역이었잖아요. 그 대학생들이 몇 살입니까? 스무 살, 스물한 살입니다. 근데 한국전쟁이 일어나던 해의 그 학생들이 몇 살입니까? 열 살이죠. 스무살 짜리 대학생이 그때 열 살이잖아요. '엄마, 나 먼저 갈게. 엄마 빨리 와.', 그렇게 엄마 손을 잡고 내려와서 엄마를 영영 10년 동안 보지 못한 아이들이 통일을 외치는 겁니다.

여러분 그 구호 들어 보셨지요. '가자 북으로 오라 남으로, 만나자 판문점에서' 아마 그 구호를 전혀 배경 설명 없이 들어보셨을 때도 어딘가 좀 찌릿한 느낌을 다 가지셨을 겁니다. 그 구호를 외치던 사람은 엄마 손을 붙잡고 '엄마 빨리 와' 하면서 말했던 아이들이었으며 그 아이들이 대학생이 되어 '가자 북으로 오라 남으로, 만나자 판문점에서'를 외치던 그게 4·19시절의 통일 열기였습니다.

그 다음에 통일이 되면 또 겁날 사람이 누가 있습니까? 남북한에 군복을 입고 있는 젊은이가 200만이에요. 그러면 통일되면 어떻게 되겠습니까? 야, 통일한 김에 만주도 찾고, 중국도 점령하자 하면서 300만으로 키우겠습니까? 30만으로 줄이자고 하겠습니까? 당연히 줄이겠죠. 그러면 통일되면 군대 있는 사람들 어떻게 되겠습니까? 직장도 떨어지고 겁나겠죠. 평화가 찾아오는 게 거시기 하는 사람들도 있죠. 그러니 제일 겁나는 사람들이 누구겠습니까? 4·19 이후에 위축된 세력. 친일파와 군대 아닙니까? 그중에서 제일 위축된 거는 군대에 있는 친일파들. 5·16이 괜히 일어난 거 저는 아니라고 생각해요. 4·19가 어떻게 됐습니까? 짓밟히지 않았습니까? 누구한테 짓밟혔습니까? 박정희 일당한테. 군사 반란이 일어난 거죠. 박정희처럼 친일 경력을 가진 군인들이 4·19로 비롯된 그 혁명적인 상황을 그대로 두고 볼 수 있는 게 아니죠. 그래서 목숨 걸고 군사 반란을 일으키는 겁니다. 그런 사회적 변화, 한국 사회가 나아가야 할 방향에 대해서 또 목숨 걸고 나오는 겁니다. 목숨 걸고 나와서 사회 변화를 막는 거죠. 그래서 우리가 또 뺏겼어요. 그 속에서 이런 저런 운동들이 있었지요. 근데 그 운동들을 박정희 정권이 계속 짓밟아 온 거 아닙니까? 그중에 인혁당 사건. 국정원과거사위에서 조사할 때 제가 책임을 맡아서 담당 위원으로 조사를 했습니다만 그 사건 보면은 간첩이 조직한 것 맞아요. 그 사람들 모임에 간첩이 참가했어요. 근데 무슨 간첩이냐 하면 남파 간첩이 아니고 북파 공작원입니다. 그런데 그걸 남파 간첩인 것처럼 그렇게 선전을 해 댄 것이죠. 이 사람이 북파돼서 돌아오지를 않고 나중에 어떻게 선이 끊어졌죠. 그랬더니 이 사람을 월북한 간첩으로 조작을 했는데 사실은 정보 계통에서 방첩대에서 북파시킨 거예요. 그런 자료들을 이번에 다 찾아내서 이렇게 조작된 것이다 하고 밝혀 냈는데 인혁당 사건을 보면 한 80퍼센트가 대구하고 부산 사람들이에요.

지금은 대구, 부산 사람들, 영남 하면은 경상도 분들에게는 죄송합니다만 수구 보수의 아성처럼 되어 있지요. 1960, 1970년대만 해도 그쪽이 우리나라 진보 운동의 중심지였습니다. 왜냐? 경상도는 인민군이 안 들어갔으니까 그래도 과거의 영향이 남아 있었던 거지요. 그게 60, 70년대 가면서 인혁당 사건 거치면서 완전히 무너져 버린 것이지요. 그래도 79년까지는 갔습니다. 다른 데는 어떻게 됐습니까? 전쟁 때 다 죽어 버렸잖아요.

박정희 밑에서 18년을 살았지요. 대통령은 박정희만 하는 건 줄 알았죠. 사실상의 종신 대통령. 3선개헌 할 때 미워도 다시 한 번. 그 무렵에 유행하던 영화가 〈미워도 다시 한 번〉이잖아요. 4년 연임제였다가 미워도 다시 한 번 해서 3선개헌을 해서 출마를 하고. 그게 1971년도 선거입니다. 그때 누구랑 붙었습니까? 김대중하고. 그때 박정희가 뭐라고 했습니까? 국민 여러분들께 다시는 저를 찍어 달라고 부탁하지 않겠습니다. 그 약속을 지켰지요. 헌법을 고쳐서 국민들에게 찍어 달라고 부탁할 일을 없애 버렸습니다. 그게 유신인 거죠.

유신 체제는 정말 웃기지도 않는 시대죠. 전두환 시대는 웃기는 시대였다면 박정희 시대는 정말 분위기가 아주 살벌한, 전두환 때는 살벌해도 숨 쉴 구멍이 어딘가 있었는데 박정희 때는 정말 훨씬 더 암담했던 시대가 아닌가 싶어요. 그런 속에서도 유신에 대한 저항 운동이 일어났고 그 저항 운동이 거세지면서 박정희 정권이 그걸 어떻게 막으려고 했을까요?

박정희, 전두환 정권 때 의문사가 있었다고 하지만 사실 남미나 다른 나라에 비하면 숫자가 적죠. 우리는 싸우다 돌아가신 분들까지 합쳐서 300여 명 됩니다. 그런데 남미 같은 경우에는 웬만한 나라들도 실종자만 2만 명, 3만 명 넘어가잖아요. 그렇게 치면 박정희 독재정권이 굉장히 부드럽고 말랑말랑한 정권인가요? 그건 아니죠. 우리는 왜 그러냐? 죽일 놈 다 죽이고 시작했기 때문에 그래요. 한국전쟁이 그만큼 살벌했어요. 더군다나 우리는 분단이 됐잖아요. 다른 데는 학살을 한다고 하더라도 숨어 있을 수밖에 없지만 우리는 북으로 갔고, 북에 있었던 우파 세력들은 남으로 내려왔습니다. 그리고 전쟁 때 그나마 잠복해 있던 사람들 다 드러나 완전히 소탕되어 버렸습니다.

왜 애들 데모도 못 막아

그로부터 또 많은 세월이 흘렀죠. 79년도가 왔습니다. 박정희가 79년도에 죽었어요. 그러니까 내후년이 박정희 사망 30주기입니다. 박정희는 아직도 우리가 매장을 못한 거 같아요. 관 뚜껑에 못질을 제대로 못한 바람에 유령처럼 살아남아서 강시처럼 콩콩 뛰어다니고 있는데 빨리 묻어 줘야 합니다. 박정희를 편안히(?) 잠들게 해야죠.

박정희가 어떻게 죽었습니까? 총 맞아 죽었죠. 그 집의 가정사를 생각하면은 참 불쌍합니다. 박지만이 저보다 한 살 위인데 박지만이 뽕쟁이가 됐다라고 얘기를 하는데 저는 그게 이해가 가요. 뽕쟁이가 안 된 게 오히려 좀 이상하다 싶을 정도입니다. 왜 그러냐 하면 대한민국에서 한국전쟁 끝난 다음에 부모가 따로따로 총 맞아 죽은 집은 그 집밖에 없거든요. 그게 개인으로 보면 불행한 역사였겠지만 우리의 역사에서는 아주 중요한 사건입니다. 박정희가 죽을 때 누구 총을 맞았습니까? 김재규 중앙정보부장이거든요. 박정희의 오른팔이에요. 그리고 그 자리에 누가 있었습니까? 차지철하고 김계원입니다. 그러니까 유신 정권의 대통령과 중앙정보부장과 경호실장과 비서실장 그러니까 유신 정권의 핵심 네 명이 앉아 있었어요. 저쪽 동네 수구 세력들은 박정희를 용인술의 천재라고 그러죠. 저는 참 그게 이해가 안 가는 게 용인술의 천재가 어떻게 자기 오른팔 총에 맞아서 왼팔과 함께 죽었을까요.(웃음) 사람을 너무나 잘 썼습니다.

김재규가 총을 쐈습니다. 김재규에 대해선 평가가 엇갈립니다. 김재규를 열사라고 부르는 사람도 있지만, 저는 열사라고 부르기에는 조금 억울합니다. 그때 박정희를 우리 손으로 끌어내렸어야 하는데, 죽이든 살리든 우리 손으로 끌어내렸으면 역사가 좀 달라졌을 텐데라고 생각합니다. 그때는 제가 대학교 2학년이었는데 그게 제 혼자 느낌이었는지는 모르지만 꼼짝 안 하던 유신 정권이 우리가 밀면 흔들흔들거리는 그런 손맛이 느껴지기 시작하던 때였습니다. 정말 6개월 만 있으면 박정희를 잡을 수 있겠다 하는, 치기라면 치기라고 해도 좋지만 그런 느낌이 드는데 허! 갑자기 계엄령이 떨어지고 박정희가 죽었다고 나오는 걸 보고……. 그러니까 우리가 도난당한 거거든요. 도둑처럼 해방을 당하더니 박정희마저 저렇게 지들끼리 총질하다 죽어 버리는구나 해서 분해서 눈물이 다 납디다. 저걸 우리가 잡아야 하는데. 근데 그때 김재규가 왜 총을 쐈습니까? 저는 그 점에서는 김재규를 의사라고까지 평가는 안 해도 김재규의 그 어떤 절박했던 심경을 충분히 이해할 수 있을 거 같아요. 박정희가 만날 술 먹고 얘길하는데 '너 중앙정보부장이라는 자식이 뭐 하는 거야? 왜 애들 데모도 못 막어.' 당시 부산, 마산에서 시민들이 들고 일어났어요. 김영삼 동네죠. 그때 김영삼이 야당 총재였는데 김영삼을 야당 총재에서 제명시켜 버렸습니다. 그래서 부산, 마산에서 크게 데모가 일어나고 계엄령이 선포가 됐어요. 근데 그 상황에서 대책을 수립하라는 겁니다.

그때 캄보디아에서 킬링필드라는 게 있었습니다. 수백만을 학살했어요. 박정희, 차지철은 '야 캄보디아 봐라. 백만, 이백만 죽여도 정권 까딱 없지 않느냐, 부산, 마산에서 기어오르는 놈들 있으면 탱크 동원해서 한 만 명쯤 깔아 버려도 정권 지장 없어' 라고 합니다. 그땐 냉전시대입니다. 미국이 빵빵하게 군부 독재를 받쳐 줄 때입니다. 미국이 인권외교니 어쩌구 저쩌구 폼은 잡아도 극우 독재를 지원했거든요. 한다면 할 놈들이 탱크 동원이니 한 만 명쯤이니 하는 얘길 하고 있으니 김재규가 그걸 듣고 만 명이 죽을 상황이 벌어지니까 이걸 어떻게 막아야 할 것인가라고 생각한 거죠. 이걸 막는 길은 박정희 하나를 죽이는 길밖에 없다, 그래서 김재규 개인에게 박정희는 친한 선배였고 은인이나 다름없는 사람이었지만 김재규가 유신의 심장을 쏜 겁니다.

1979년 상황이 어땠냐 하면 제가 대학교 2학년 때였는데요. 그때는 데모도 양상이 틀렸어요. 70년대 후반으로 들어가면 주동자 다섯 명이 한 학기에 데모를 딱 두 번 합니다. 77년, 78년은 분기별로 그렇게 두 번을 했습니다. 그런데 79년도에는 데모 주동할 다섯 명 팀이 안 짜지는 거예요. 그렇게 위축됐어요. 그래서 1학기에 데모도 없이 넘어갔어요. 당시 유신 정권의 탄압은 극에 달했고 학생운동조차도 저항을 못하는 상황이었습니다.

그런데 YH사건이라고 여공들이 들고 일어나기 시작을 했고 거기서부터 불과 두 달, 석 달 사이에 일이 진전이 되어 박정희가 탱크를 동원하네 마네 하는 그런 얘기를 해야 할 정도로 상황이 바뀐 겁니다. 철옹성 같은 유신 정권이 그렇게 흔들려 갑니다. 거기서 만 명을 죽일 것이냐? 유신 체제를 허물어뜨릴 것이냐? 결국 김재규는 총을 쐈습니다. 총을 쏜 다음에 김재규가 판단을 잘해서 육군본부로 안 가고 중앙정보부로 갔으면 역사가 또 어떻게 됐을지 모릅니다. 역사에 가정을 하는 게 옳은지 모르겠습니다만 김재규는 적어도 부산, 마산에서 만 명이 죽는 그 유혈 사태를 막기 위해서 박정희를 쐈다고 생각합니다.

근데 그게 결국 막았나요. 그때 김재규가 총을 쏘지 않았으면 탱크가 어디에 들어갔겠습니까. 부산, 마산으로 들어갔다고 생각해요. 근데 총을 쏘는 바람에 장소가 바뀌었죠. 광주로. 광주 얘기할려면 이거 정말 밤을 새서 해야 할 얘기가 많죠. 여러분 '화려한 휴가' 다 보셨죠? '화려한 휴가' 끝 장면 생각 나십니까? 거기 이요원 씨가 역할했던 신애가 마이크를 잡고 방송을 계속하잖아요. "광주 시민 여러분, 광주 시민 여러분, 우리를 기억해 주십시오. 계엄군이 들어옵니다. 기억해 주십시오." 그 방송을 하면서 시내를 돌았습니다. 근데 그 방송을 들은 시민들도 있었겠지만 그 시간에 사실은 계엄군이 또 방송을 하고 있었죠. "이제 계엄군이 작전을 시작합니다. 선량한 시민들은 집으로 돌아가 주십시오. 도청이 폭도들에 의해서 장악되고 있습니다. 이제 도청을 탈환하려고 합니다." 그리고 총을 쏘면서 들어갔죠. 그때 탱크가 진격해 들어가고 총을 쏴 댔는데 그 소리를 잠자느라고 못 들은 광주 시민들이 있었겠습니까? 해방 광주, 대동 세상을 유지했던 광주 시민들이 오죽하면 총을 들었겠습니까. 요즘 시민들은 조선일보, 동아일보에다 달걀도 던지고, 쓰레기도 던지고 하죠. 그러나 그때는 광주 시민들이 MBC, KBS에 불을 질렀습니다. 왜? 시민들이 직접 경험한 거하고 너무나 다른 거짓말을 뻔뻔스럽게 하니까요. 얼마나 외로웠겠습니까. 오늘 군대가 들어올지 몰라, 내일 들어올지 몰라 하고 있었습니다. 오죽하면 광주 시민들이 이런 괴담, 미국 괴담이죠. '미국이 항공모함을 보냈어. 야~ 이거는 우리를 보호해 주기 위해서 보낸 거야. 미국은 민주주의 국가니까 우리를 보호해 주기 위해서, 시민을 보호해 주기 위해서 항공모함이 떴다'라고 했습니다. 근데 그 항공모함이 왜 떴습니까? 전두환이 광주를 진압할 때 전방에서 김일성이 딴 생각하지 말라고, 까불지 말라고 그래서 뜬 거죠. 그래서 우리나라에서 반미 운동이 시작되는 계기가 된 거잖아요. 그 지경으로 광주는 외로웠습니다.

그리고 5월 27일 아침에 콩 볶듯 하는 그 총소리를 들었습니다. 광주에 대해서 쓴 책 중에서 당시의 참담한 상황을 '그날 그 새벽에 죽고자하는 사람은 대개 다 죽었고 살고자 하는 사람은 또 대개 다 살았다'라고 썼습니다. 참 소름 끼치는 얘기지만 그 상황을 잘 설명 했다고 생각합니다. 참담한 패배였죠. 그날 그 아침에 또 어김없이 해는 떴습니다. 그리고 전두환을 위한 팡파레는 계속 울려 퍼졌죠. 거기서 참담하게 깨졌고 거기서 나온 말이 살아남은 자의 슬픔 어쩌구, 저쩌구입니다. 그렇게 참담하게 우리가 80년대를 맞이했습니다. 그렇게 학살의 시간이 7, 8개월 뒤로 밀린 거고. 그래서 광주가 당했고, 그 와중에 우리가 그때 제대로 대응을 하지 못해서 결국 전두환이 집권을 했어요. 그리고 제5공화국이 열렸습니다. 전두환은 얼마 갔습니까? 7년을 조금 넘겼지요. 1980년 5월에 광주를 학살했고, 1987년 6월항쟁이 있었으니까. 우리가 7년만에 다시 전두환을 그 군사독재 권력을 흔들어 버렸죠.

그렇게 6월항쟁을 만들어 낸 게 딱 7년입니다. 80년 5월에서 87년 6월까지. 6월항쟁 직전에는 어땠습니까? 6월항쟁이 7년 동안에 우리의 역량이 엄청나게 축적되어서 일어났습니까? 6월항쟁 직전인 6개월 전에 박종철 군이 죽었죠. 고문을 받다 죽었습니다. 그런데 그때 제가 민주화운동 청년연합의 기관지 기자를 하고 있었어요. 민청련 기관지 기자를 막 시작했을 땐데 박종철이 죽기 하루, 이틀 전에 편집회의를 했었습니다. 당시는 운동권이 얼마나 위축된 상황이었냐 하면, 86년 아시안게임에 성공하고 난 다음에 저쪽이 기세등등하게 운동권의 씨를 말리고 88년 올림픽을 치르겠다라고 해서 대대적인 공세를 펼 때였습니다. 건국대 사건으로 하루에 1200명인가 1300명을 구속시켰습니다. 그렇게 신문 지상에 매일 무슨 당 사건, 무슨 동맹 사건해서 공안 사건이 줄줄이 벌어지고 운동권은 정말 씨가 마를 정도로 다 도망갔어요. 그때 우리가 편집회의를 하면서 1면에다 투쟁 기사를 싣는데 뭐라고 얘길 했냐 하면 "야, 어디 실내에서라도 100명 모인 데 없냐? 100명만 모이면

1면에다 크게 실어 줄 텐데. 야, 100명 모이는 데가 없냐? 한번 찾아 봐." 이러면서 한숨 푹푹 쉬면서 편집회의를 끝마쳤습니다.

그리고 다음날인가 박종철이 죽었습니다. 그런 그 상황에서부터 우리가 다시 거슬러 올라갑니다. 그 어렵던 상황에서 우리가 6월항쟁을 만들어 냈습니다. 6월항쟁에서 구호는 정말 단순했죠. '호헌철폐, 독재 타도', '직선제로 민주쟁취' 딱 그것만 외쳤습니다. 그리고 그때는 솔직히 직선제를 받아들이지 못할 거라고 생각했었습니다. 왜? 직선제 하면 해 보나 마나 우리가 이긴다고 생각을 했어요. 그런데 뜻밖에도 저쪽이 직선제를 받아들였어요. 저쪽의 역사에서는 해방 직후에 친일파가 돌파해서 살아남은 것 이후에 최대의 엑소더스입니다. 그리고 정말 결단을 내려서 죽기 아니면 까무러치기로 돌파구를 찾았고 그 다음에 우리가 돌파를 당했죠. 왜? 양김이 분열됐기 때문에. 그래서 절대로 빼앗길 수 없는 놓칠 수 없는 그 찬스를 87년에 어떻게 했습니까? 노태우 정권을 탄생시켜 준 거예요. 군사 독재를 연장시킨 거예요. 국민들이 기가 막혔죠. 그래도 국회의원 선거에서는 좀 정신을 차려서 야당을 다수당으로 만들어 줬죠. 지역 분열 구도 때문이기도 했지만, 어쨌든 여당인 민정당이 소수당이 되니까, 민정당도 이런 상태로는 정권 유지 못하겠다. 그래서 3당 합당을 해 버린 거 아닙니까. 그래서 민자당이라는 게 만들어졌죠. 일본의 자민당을 본떠서. 자유민주당과 민주자유당, 우리 우파들의 상상력이 딱 그 수준이거든요.

그래서 그때 5공 청산을 못하고 또 찬스를 놓쳤습니다. 그 다음에 97년, 98년 외환 위기가 닥쳤을 때 정권 교체를 우리가 하죠. 사실 그 상황에서 그 외환 위기가 닥쳤는데도 정권 교체를 못했다면 말도 안 되는 건데, 지금 생각해 보면 그것도 기가 막히는 겁니다. 우리 사회에 보수가 얼마나 강건한지를 97년 정권 교체를 놓고 따져 봐야 돼요. 자 그때 상황을 보세요. 외환 위기가 왔죠. 외환 위기만 가지고도 정권을 수십 번 바꿀 얘기죠. 이인제가 나와서 500만 표 갉아 먹었죠. 그리고 그 다음에 DJP연합이라는 게 있었죠. 지역 분열 구도로 수구 세력이 지배를 했는데 그게 거꾸로 돼 버렸죠. 그 다음에 김현철 사건이 있었죠. 김영삼 아들이 나라 좌지우지하다가 들어먹었죠. 한 건 한 건만 갖고도 정권이 바뀔 만한 요인이 대여섯 가지가 겹쳐졌는데 대통령 선거에서 40만 표도 차이가 안 났어요. 그게 우리나라 보수가 그만큼 센 거고 민주 개혁 진영이 그만큼 약했던 겁니다.

그런데 어쨌거나 정권이 바뀌었습니다. 정권 바뀐 게 정말 큰 의미거든요. 김대중 대통령이 어디 출신입니까? 전라남도에서도 신안군 하의도 섬 출신이죠. 그런 변방에서 우리나라의 최고 직위까지 오른 거는 이성계 죽고 처음이에요. 근데 그 김대중의 정권 교체가 그런 역사적인 의미를 충분히 살렸나요? 별로였죠.

야박해진 보수 세력

여러분, 사실은 김대중 때 과거 청산을 잘 했어야 한다고 생각합니다. 근데 김대중이가 과거 청산에서 진짜로 잘못한 것은 뭐냐 하면은 외환 위기에 대한 그 책임을 물었어야 했어요. 그건 김대중이만 물으라고 한 게 아니라, IMF도 물으라고 그랬거든요. 여러분, 외환 위기가 왜 왔어요? 달러 부족해서 왔죠. 여러분, 그때 달러 얼마나 쓰셨어요? 여러분이 달러 써서 외환 위기가 왔습니까? 누가 썼습니까? 재벌들이 썼죠. 흥청망청 썼죠. 달러 들여온 건 누가 승인했습니까. 관료들이 승인한 거 아닙니까. 재벌과 관료를 개혁했어야죠. 재벌과 관료를 개혁하자는 거 이거 빨갱이들 주장입니까? IMF가 개혁하라고 그랬어요. 국제 금융자본이 와서 '한국의 재벌, 한국의 관료는 시장경제의 기준에서 볼 때 너무나 이상한 애들이다, 정경 유착, 관치 금융 아래서는 시장경제 발전 안 한다. 얘네들 개혁해라.' 왜? 요즘 유행하는 말로 글로벌스탠다드에, 시장경제의 기준에 맞지 않는다, 이렇게 관치 금융하고 정경 유착을 하면 시장경제가 발전할 수 없다고 해서 재벌 개혁을 하라고 했죠. 그러면 외환 위기의 책임을 재벌들한테 물었어야 할 거 아닙니까. 그리고 형편없이 승인해 준 관료들한테 물었어야 할 거 아닙니까. 근데 김대중 정권이 개혁을 안 했죠. 뭘 했습니까? 금 모으기, 우리가 재벌과 관료들에 대해 IMF사태에 대한 책임을 물어야 할 때 금 모으기를 했단 말입니다. 사실 개혁 대상이 됐어야 할 재벌과 관료가 개혁의 전도사를 자임하고 나섰죠. 한국 사회가 그때부터 어느 방향으로 흘러갔습니까? 신자유주의 구조 조정을 그 사람들이 갖고 들어와서 한 거 아닙니까. 사실은 그 사람들이 가장 큰 개혁 대상이 돼야 하는데 살아남아서 개혁을 선도하면서 한국 사회의 방향이 완전히 달라져 버렸죠.

수구 세력에게는 미안한 얘기지만 솔직히 얘기해서 수구 세력은 머리가 나빠서 잘 안 된다고 생각을 하는데, 수구 세력의 나쁜 머리로도 김대중이 대통령에 당선된 건 이해가 갔어요. 군사독재 정권 30년 정권 교체의 열망이 있었지요, 외환 위기로 나라 들어먹었지요. 그 다음에 이인제가 500만 표 깎아 먹었지요. DJP연합이 있었지요. 김현철 스캔들 있었죠. 그리고 김대중 후보가 자질이 없다고 생각한 사람은 없었으니까요. 그런 이유들 때문에 수구 세력들이 '아 그래서 뺏겼다. 5년 후에 되찾아 오면 된다'고 생각했지요. 그런데 노무현이 대통령이 된 것은 이해가 안 되는 거죠. 이인제가 있었던 것도 아니고, DJP연합이 있었던 것도 아니고 정몽준이가 막판에 단일화 깼고 그리고 후보 비교하면 노무현은 후보때부터 요즘은 조금 분위기가 나아졌는지 모르겠습니다만 '아무도 나를 대통령 감으로 인정해 주질 않아' 그게 노무현의 최대의 콤플렉스 아닙니까. 하여튼 노무현이 대통령에 당선이 됐는데 수구 세력이 견디지 못해서 끌어내자 하는 얘기가 노무현 취임하고 2주일만에 나왔나 그랬죠.

저는 노무현 대통령이 굉장히 잘못한 게 많다고 생각하는 사람입니다만 잘못을 저지르기도 전에 탄핵 얘기가 먼저 나왔습니다.(웃음) 왜냐하면 수구 세력들이 저대로 두면 안된다, 그래서 탄핵을 했죠. 그랬더니 국민들이 반대를 한 거 아닙니까. 우리가 뽑았는데 왜 니들 맘대로 갈아쳐!라고요. 그리고 그때 마침 국회의원 선거가 몇 달 안 남았죠. 그래서 국회의원 선거에서 응징을 했습니다. 적어도 국민들이 노무현에 대해서는 1년 동안에 많이 실망하긴 했지만 여전히 기대를 갖고 있었죠. 그래서 '왜 니들이 멋대로 끌어내려' 하고 노무현을 다시 앉히고 국회를 새로 만들어 줬잖아요. 김대중 정권 때 사사건건 국회에 발목 잡혀서 개혁다운 개혁을 하지도 못했으니까, 그래 그러면 국회를 한번 만들어 주마 하고 만들어 준 거예요.

당시 구도는 너무 좋았거든요. 한번 생각해 보세요. 민변(민주사회를 위한 변호사모임)출신 대통령에 민변 초대 회장인 고영구 변호사가 국정원장이에요. 민변 후원회장인 강금실이 법무부 장관이에요. 그리고 민변 대표 간사였던 천정배 변호사가 열린우리당 원내 대표예요. 그리고 국민들이 열린우리당을 단독 과반수를 만들어 줬어요. 88년 민주화 이후에 최초입니다. 계속 여소 야대였는데 여당을 단독 과반수를 만들어 줬어요. 그리고 민주노동당 10석을 만들어 줬어요. 이렇게 됐는데 국가보안법을 폐지 못 시켰어요. 이거 어디 가서 하소연을 해야 합니까. 이 구도를 갖고 국가보안법 하나 폐지 못 시키는 바보들을 뽑았습니다. 그리고 열린우리당은 가만히 앉아서 탄핵 덕분에 국회의원이 됐는데 왜 이 사람들은 열린 우리당에 왔을까? 한나라당에 갔으면 훨씬 더 정체성에 어울릴 사람들이 많을 텐데. 그런 사람들이 수두룩이었어요.

자, 그렇게 국회를 만들어 줬는데 국가보안법 하나 폐지 못 시키고 난 다음에 17대 국회에서 열린우리당이 통과시킨 법률 중에서 한나라당 허락 받지 않고 통과시킨 법안이 딱 하나예요. 사립학교법. 근데 그거 어떻게 됐습니까. 통과시켜 놓고 '아, 우리가 잘못 한 거 같습니다. 다시 물러 드려야 할 거 같습니다' 하고 그 짓을 했잖아요. 아, 하나가 더 있네요. 이명박 특검법인데요. 이명박 특검법을 통과시키듯이 국가보안법을 통과시켰더라면, 4대 개혁 입법, 민생 법안을 통과시켰더라면 이명박이 대통령 될 일도 없습니다. 이명박 특검법 통과시킬 일도 없습니다. 그래서 열린우리당이 망하게 된 거지요.

열린우리당이 한다는 소리가 한나라당하고 별로 다른 것이 없었어요. 이렇게 되니까 열린우리당이 개혁을 하겠다고 해서 지지했던 사람들은 어떻게 됩니까. 이런 개 같은 경우가 있나. 그래서 다 돌아서게 된 겁니다. 다 돌아서게 되고 일부는 한나라당과 민주당으로 갔죠. 그리고 이명박이 경제 살린다니까 그렇다면 한번 살려나 봐라. 그래서 어떻게 됐습니까. 500만 표 차이로 졌죠. 만방으로 깨졌습니다. 그래서 완전히 쫄딱 망했습니다.

그리고 그전까지, 보수 세력은 나름대로 관용이 있었어요. 근데 보수 세력이 이제는 얼마나 야박해졌습니까. 70~80년대에는 우리가 민중 생존권 얘기하면 보수가 뭐라고 했습니까. '그려, 그려. 근데 파이는 좀 키워야지, 가난한 사람 돕고 뭐 이렇게 분배도 잘 해야 되지만 그래도 파이는 키워야지.' 이러고서 '조금 있다가 하자. 파이 키우고 보자' 라고 했단 말이에요. 근데 지금은 어때요? 파이가 아니라 이제 멍석만 하게 만들어 놨어요. 70년대 80년대하고는 비교가 안 됩니다. 대한민국의 국부라는 것은 그때하고는 비교가 안 되게 커졌는데 지금은 뭐라고 합니까? 기초생활수급자 얘기하면은 '그놈들 다 가짜로 얘기하면서 돈 빼먹는다' 하죠. 그거는 그래도 낫죠, 가짜도 들어와서 돈 빼먹고 하는 것도 일부 있으니까. 근데 더 큰 건 철학 자체가 바뀐 거 아닙니까? 그런 패배자들을 왜 도와줘야 하느냐? 그리고 '그런 사람들을 도와주면 사회의 경쟁력이 떨어진다. 국가 경쟁력 떨어진다. 시장 경쟁에서는 도태된 사람들이 당연히 있고 자기가 책임을 져야지.' 그러면서 민중 생존권에 대해서 얘기하는 것 자체를 반대하는 거죠. 저는 70년대 80년대에는 그 시절에는 이렇게까지 야박한 논리는 없었다고 생각이 돼요. 그런데 그 기점이 언제냐? 바로 1997년이었다고 생각해요. 1997년, 1998년, 신자유주의, 우리가 정말 개혁해야 할 찬스를 놓친 거죠. 청산해야 할 찬스를 놓치고 이거는 과거 청산이 아니라 현재의 우리한테 질곡으로 닥쳐오는 문제죠.

지금 현재 상황이 이렇게 됐잖아요. 젊은 사람들은 비정규직으로 취업난으로 그렇게 몰리고, 이렇게 되니까 과거 청산을 암만 해 봤자 힘이 안 나는 것 같은데 사실은 이런 부분이 과거 청산을 과거의 문제로서가 아니라 그때그때 했어야 할 개혁을 놓친 결과입니다.

기가 막힌 군사기밀

국정원과거사위원회에서 조사했던 얘기를 조금만 더 말씀을 드리겠습니다. 제가 주로 조사했던 게 간첩이에요. 제가 얼추 조사를 했는데, 우리가 한국전쟁 이후에 적발한 간첩이 전부 4400건인가 그래요. 근데 1970년대 중반 이후에 내려온 간첩이 1000명 정도 된다고 정부 당국에 의하면 그래요. 그런데 제가 원단 간첩을 골라 보니까, 짝퉁 간첩 말고 진품 간첩은 50명 밖에 안 돼요. 여기서 그 기준은 뭐냐 하면, 간첩 잡으면 남북이 서로 교환할 수도 있잖아요. 근데 우리가 간첩이라고 명단 주면 '왜 이렇게 모르는 애들뿐이냐. 이 애는 우리가 보낸 애 맞다' 할 만한 간첩, 진짜로 이북에서 보낸 간첩이, 따져 보니까 한 50명밖에 안 되는 거예요. 북이 절대로 부인하지 못할 간첩들이 50명밖에 안 돼요. 나머지는 뭐냐. 다 조작이라고 얘기할 수는 없겠지만 거의 굉장히 의심스러운 거죠.

여러분, 군사기밀 누설하실 수 있습니까? 우선 드는 생각이 뭘 알아야 누설을 하지. 근데 국가보안법 해석에 따르면 여러분들은 얼마 전까지만 해도 걸어 다니는 국가기밀이에요.

제가 본 그 간첩 사례 중에서 제일 기가 막힌 군사기밀은 '경부고속도로는 4차선, 자장면은 맛있다' 입니다. 더군다나 간첩죄가 정말 기가 막힌게 뭐냐 하면, 우리는 간첩이라고 하면 정보를 수집해서 전달한 것을 간첩이라고 생각하죠. 근데 간첩은 탐지 수집만 해도 간첩이에요. 간첩죄가 성립이 돼요. 그러니까 경부고속도로가 4차선이라는 것을 안 순간 그리고 중앙정보부가 이놈을 간첩으로 만들어야겠다고 한 순간 여러분은 절대로 벗어날 수가 없어요.

내가 본 군사기밀 중에서 가장 심각한 군사기밀이 무엇이었냐 하면은, 어떤 아주머니가 어찌어찌 하다가 모임에서 해병대 예비역 장군을 만났습니다. 그런데 이 아주머니가 얼마나 군대 문제에 대해서 몰랐냐 하면 '근데 아저씨 해병대는 뭐하는 데예요?' 하고 물었어요. 이게 군사기밀 탐지 수집이에요. 대부분 우리 사회에서 간첩이라고 되어 있는 사람들은 이런 거예요.

기밀이라는 게 경부고속도로는 4차선이다 같은, 신문에 난 공지의 사실이라 하더라도 적이 알면 적에게 도움이 될 만한 것, 대한민국에 자장면이라는 맛있는 음식이 있다는 걸 아는 게 국가 기밀이 되는 거예요. 이러면 여기에서 안 걸릴 수 있는 사람 있어요? 이런 사람들을 간첩으로 만드는 거예요. 간첩을 어떻게 만듭니까? 여러분들 잡아다가 간첩이라고 하면 당장 '아이고, 잘못했습니다.' 싹싹 빌면서 인정하겠어요? '무슨 얘기냐.' 부인할 것 아닙니까? '역시 이북에서 교육을 받고 온 간첩은 달라.' 조금 거칠게 얘기하자면 이렇게 조져서 '아이고 잘못했습니다' 하고 싹싹 빌면 이게 조작 간첩이 되는 거예요. 그런데 빌지 않고 뻗대면 어떻게 됩니까? 고문을 견디는 특수 교육을 받은 특수 간첩이 되는 것이죠. 특수 교육을 받은 간첩을 좀 주무르다 잘못돼 버리면 어떻게 돼요? 의문사죠. 거칠게 얘기하면 저는 그렇다고 생각합니다.

축복받은 간첩

제가 조사한 것 중에서 송씨 일가 간첩 사건이 있습니다. 이 사건은 대법원에서 두 번을 무죄 판결을 받은 사건이 있습니다. 안기부는 난리가 나서 대법원장을 찾아가고, 압력 가하고 사법부를 들쑤셔 놓고 달달 볶아서 그거 유죄 판결로 만들어 내요. 심지어는 대법관을 임명할 때 유죄 판결을 내려 줄 만한 사람을 대법관으로 임명해서 그 사람한테 사건 배당이 되도록 해서 다시 유죄로 만들어 버린 거죠. 이런 간첩 사건이 부지기수입니다.

그런데 이 송씨 일가 간첩사건에 연루된 한 아주머니가 하시는 말씀이 자기는 축복받은 간첩이래요. 정말 간첩 사건은요, 1980년대 그 시절에 인권 변호사도 달라붙지를 않았어요. 운동권에서조차도 간첩 사건 억울하다는 얘기를 안 해 줬어요. 그런데 그 아주머니는 운이 좋아서 황인성 변호사, 홍성우 변호사, 조준희 변호사라고 하는 그 당시에 인권 변호사 4인방이라고 하는 분 중에 세 분이 달려들어서, 이분들이 기가 막히게 잘하셨어요. 그래서 5공 때인데도 대법원에서 무죄가 나왔죠. 그것도 두 번이나. 그런데 결국은 그걸 유죄로 만들었지만 그래도 자기는 무죄도 받아 봤고, 워낙 유명한 사건이니까 우리가 선정해서 조사해서 조작이라고 밝혀지니까 자기는 축복받은 간첩이라고 얘기하는 거지요. 그런 조사를 겨우 네 건 했어요. 축복받지 못한 간첩이 수백 건이에요. 그런데 이것 어떻게 해야 됩니까?

여러분, 과거 청산 문제에서 우리가 화해 얘기를 함부로 하는데 화해 얘기 함부로 하는 사람 정말 말을 좀 삼갔으면 하는 그런 생각이 듭니다. 피해자와 가해자의 화해가 이루어지면 좋죠. 근데 그거는 전제 조건이 뭐냐? 가해자가 잘못했다고 할 때, 가해자가 용서를 구할 때, 사죄하고 고백하고 반성하면서 용서를 구한다면야 우리 같은 사람들이 옆에서 피해자들한테 '아이고, 그렇다고 죽은 사람이 살아오는 것도 아니고 좀 용서하고 넘어갑시다.' 그렇게 얘기해 주겠지만 이 사람들이 '그 새끼들은 진짜 빨갱이들이다. 우리가 증거를 못 찾아내서 그렇지 진짜 간첩 맞다.' 그렇게 하고 있는데 무슨 화해입니까? 조작 간첩을 만든 사람들은 사실은 처벌을 해야죠. 인도에 반하는 범죄로서 공소시효 없다고 하면서 처벌을 했어야 합니다.

과거 청산의 문제가 절대로 과거의 문제가 아니고 우리에게는 현재 진행형의 고통으로서 와 있는 거예요. 계속 진행되고 있는 거죠. 우리가 용어를 과거 청산이라고 잘못 붙여서 그렇지 절대로 과거의 문제가 아니에요.

그리고 우리는 계속해서 과거 청산할 거리를 만들고 있어요. 60년 동안 축적돼 있는 걸 해결해도 시원찮을 텐데. 이거 지금 제대로 못하면요, 우리 후손들이 신자유주의 문제에 대한 과거 청산 작업을 해야 할 거고 청문회 해야 할 거고, 한미 FTA 청문회 또 해야 할 겁니다. 이거 지금 막아야 돼요. 지금 우리가 그 고리들을 끊어 나가야 하는 거죠. 과거 청산 문제는 절대로 과거의 문제가 아니고 지금 현재 진행되는 문제이고 또 우리 자손들의 미래가 걸려 있는 문제라고 생각합니다.

질문과 답변

청중 선생님께서 말씀하신 그렇게 왜곡된 역사가 어떻게 하면 국민들에게 제대로 전해지게 될지 걱정이 됩니다. 교과서에 나오지도 않습니다. 광주항쟁을 우리 국민들이 어느 정도 알고 있을까요. 나이가 드니까 장성한 자식들에게 알려 주고 싶지도 않고 가르치고 싶지도 않습니다.

한홍구 자기들 세대에 할 몫이 있다고 생각합니다. 지금 아이들이 5·18도 모르고 있지만 그 세대들이 스스로 깨쳐 나갈 때가 있습니다. 비관하실 필요는 없습니다. 젊은 세대들이 자기 인생에서 직장에서든 어떤 부분에 부딪쳤을 때 역사를 돌아보게 될 거라고 생각합니다. 노동문제로 부딪친다면 하종강 선생님도 계시고 노동에 관한 좋은 책들도 나와 있고 해서 깨달을 거라고 믿습니다. 지금보다 더 어렵고 암담한 시기가 있었지만 우리는 불과 3, 4년 만에 그 변화의 동력을 만들어 냈습니다. 그때 생각하면서 기죽지 않고 살아야 된다고 생각합니다.

청중 지금 우파 정권이 정권을 잡게 되면서 일제시대 때부터 청산하지 못했던 과거 진상이 제대로 규명이 되지 않을 것 같은데 선생님은 어떻게 생각하시는지요.

한홍구 과거 청산은 이념 문제가 아닙니다. 자칭 보수들을 제가 왜 우습게 생각하냐면 기본을 안 한 겁니다. 중앙정보부, 안기부에서 무고한 사람을 잡아다가 100일 동안 고문해서 간첩을 만들었는데 그 억울함을 풀어 주고 진실을 밝혀주는 게 왜 좌파의 과제입니까? 이회창도 1980년대에 그 얘기를 했습니다. 과거 청산은 보편적 가치라고. 사법부라면 법과 양심에 따라 판결해야 되는데 어떤 사건은 법과 양심에 따라 판결했겠지만 중요 사건은 법과 양심과 안기부의 의견에 따라 판결했습니다.(웃음)

'우리는 이제 어떻게 해야 하는가' 라는 질문을 던지고 그 억울한 사람들을 국가기구가 조사해서 밝혀 내고 그 토대에서 피해자들과 동시대의 우리는 이 사람들의 고통에 대해서 그리고 이걸 토대로 만들어진 대한민국사와 대한민국에서의 정권 유지와 그 세력들을 어떻게 해야 되느냐, 새로운 질문을 던질 때라고 생각합니다.

우리가
원하지 않는 전쟁에
말려들 수 있다

이철기

우리의 안보 정책과 외교 정책이 지금처럼 미국에 전적으로 의존하거나 편입되어서는 안 돼요. 미국이 중요하지만, 미국 뿐만이 아니고 러시아도 중국도 똑같이 중요해요. 우리의 외교 안보 정책을 균형화하고 다변화해서 동북아의 균형자 역할을 해야 해요. 우리는 지금 이런 매우 중요한 시점에 있어요.

우리가 원하지 않는
전쟁에 말려들 수 있다

　안녕하세요, 이철기입니다. 오늘 주제가 '한반도와 동북아 어디로 갈 것인가' 인데요, 지금 우리 한반도 정세가 급변하고 있다고 말씀드릴 수가 있어요.

　우리 역사를 보면 해방이 되고 한국전쟁을 겪고 여러 차례 격동기들이 있고 또 변혁기들이 있었잖아요. 바로 이 시점이 우리 역사에서 한국전쟁 이후 가장 큰 변혁기를 맞고 있는 것이 아닌가 생각돼요. 한반도 정세를 이루는 세 개의 축인 남북 관계, 한미 관계, 북미 관계, 이것들이 모두 엄청나게 변하고 있어요.

　남북 관계 변화에 대해서는 굳이 말씀드릴 필요도 없을 거예요. 한 가지 수치로 남북정상회담 이후 남북 관계가 얼마나 변했는가 예를 들어 볼까요. 작년 2007년 한 해 동안에 남북을 오간 사람이 몇 명인지 여러분 아세요? 금강산 관광객을 제외하고도 남북을 오고 간 사람이 15만9천2백14명이에요. 이게 얼마나 큰 변화냐 하면, 한국전쟁 종전 이후부터 2000년 남북정상회담 때까지 거의 반세기 동안 남북을 오간 사람이 2만 명도 안 됐어요. 그런데 이제는 반세기 동안 남북을 오간 사람보다도 8배나 많은 사람이 단 1년 동안 남북을 오가고 있고 그 숫자는 점점 커지고 있잖아요.

뿐만 아니고 한미 관계도 큰 변화를 겪고 있어요. 전시작전통제권을 어쨌든 우리가 환수할 수 있게 됐고, 주한미군의 역할이 변하고 있고 한미 동맹의 성격이 변하고 있죠? 한미 동맹 관계, 그러니까 한미 간에 상호방위조약을 맺은 이래로 한미 관계가 가장 큰 변화를 하고 있는 시점에 있다는 것입니다. 또, 북미 관계도 변하고 있죠? 북한 핵 신고 문제와 그에 대한 미국의 보상 문제 때문에 북한 핵 문제가 완전히 풀리지는 않고 있지만, 북한과 미국은 관계 정상화를 통해 수교를 한다는 목표를 가지고 있어요. 이처럼 거의 반세기 만에 한반도 정세가 큰 변화를 겪고 있는 시점에 우리가 와 있다는 것이에요. 그런데 이명박 정부가 들어서서 다시 뒤로 후퇴하는 것이 아닌지 모르겠어요. 그러나 역사는 때로 뒤로 후퇴하기도 하지만, 그것이 또 더 큰 전진을 위한 하나의 계기가 될 수 있다고 저는 생각해요.

팍스 코리아나

제가 오늘 말씀드리고자 하는 것은 한반도 정세보다도 앞으로 동북아가 어떻게 될 것인가입니다. '21세기 동북아 질서는 어떻게 될 것인가'에 대해 말씀드리고자 해요. 앞으로 우리 한반도의 운명과 통일은 이 한반도 주변의 동북아 질서가 어떻게 될 것인가에 상당히 영향을 받을 수밖에 없거든요. 우리가 분단이 되고 이처럼 반세기 넘게 분단 상태를 유지하고 있는 이유가 뭐예요? 바로 전후의 국제 질서가 냉전 질서, 양극 질서였기 때문에 그랬던 것 아니에요?

만약에 전후의 국제 질서가 양극체제, 냉전 체제가 아니었다고 하면 우리가 이렇게 분단이 되지 않고 또 오랫동안 분단 상태를 겪지 않았을 것이에요. 이처럼 우리의 분단 자체가 전후 국제 질서의 산물이라는 점에서 앞으로 우리의 통일, 우리 민족의 장래도 동북아 질서가 어떻게 될 것인가에 상당히 크게 좌우될 수밖에 없다는 것이에요. 그래서 앞으로 어떻게 될까 우리 한번 생각을 해 보죠.

앞으로 21세기 동북아 질서가 어떻게 될지, 여러 가지 시나리오를 생각해 볼까요? 여러분들은 어떠한 질서가 됐으면 좋겠어요? 우리 민족의 입장에서는 '팍스 코리아나'(Pax Koreana-Pax : 라틴어로 평화를 뜻한다. 본래 팍스 로마나 – Pax Romana에서 따 온 말이다. 로마 제국이 피정복 민족들을 통치하던 '로마가 주도하는 세계의 평화'라는 뜻이다)가 되면 좋겠지요? 우리 민족이 패권자 노릇을 하는, 우리 민족에 의해서 움직여지는 동북아 질서가 되면 정말 좋을 거예요. 근데 그럴 수 있을까요? 가까운 시일 내에 '팍스 코리아나'는 쉽지 않을 거예요.

현재 우리 남한의 국력이 상당한 수준이죠. 경제력 면에서는 세계 11

위~13위 정도 되나요? 군사력도 10위 내에 들어요. 또 스포츠도 올림 픽 나가면 10등 안에 들잖아요. 이런 것들을 국력 면에서 경성 국력Hard National Power이라고 하는데, 경성 국력 면에서는 한 10위권 정도는 돼 요. 그러나 대외적 영향력이나 대외적 이미지, 외교력 같은 연성 국력 Soft National Power은 한참 떨어져요.

어쨌든 경성 국력 면에서 세계 10위권 정도 되니까 사실 대단한 거 죠. 우리가 아프리카나 이런 데 위치하고 있다면 큰소리치고 '팍스 코 리아나'도 할 수 있을지 몰라요. 그런데 우리 주변은 어때요? 미국, 중 국, 일본, 러시아 등 이런 초강대국들이 즐비해서 '팍스 코리아나'가 되 기는 쉽지 않죠.

그리고 국제사회에서 한국에 대한 인식은 그렇게 좋지만은 않아요. 어느 신문에서 조사를 했는데, 미국 사람의 34퍼센트, 영국 사람의 42 퍼센트가 코리아가 어디 있는지를 모르고 있고, 캐나다 사람의 43퍼센 트와 영국 사람의 32퍼센트가 코리아는 중국어를 쓰고 있는거로 알고 있다는 통계가 나왔어요. 이번 동남아 여행중에 미얀마 바간에 갔었는 데, 거기서 말이 끄는 마차를 타고 다녔어요. 그 마부가 나이가 29살이 고 영어도 곧잘 해요. 그런데 코리아와 차이나가 같은 민족이냐고 그래 요. 그리고 코리아는 중국어를 쓰냐고 그래요. 한류 붐이 일고 있는 동 남아에서조차 한국에 대해서 잘 몰라요.

서양으로 가면 더 그렇죠. 일단 코리아 하면 그 사람들에게 떠오르는 게 뭐겠어요? 한국전쟁, 군사독재 정치, 미군 주둔, 미국의 속국, 뭐 그런 부정적인 것이 우선 떠오르겠죠? 코리아 하면 전쟁 겪고 그랬으니까, 같은 내전 겪은 베트남 정도 되나? 경제 발전을 좀 했다는데 그러면 타일랜드 정도 되나? 그 정도가 사실은 대부분의 서양 사람들이 가지고 있는 한국에 대한 인식이에요. 이처럼 코리아에 대한 인식이 아직은 국제사회에서는 굉장히 낮은 편이에요.

우리가 5천 년 역사를 자랑하지마는, 아마 경성 국력 면에서는 지금이 세계 중심에 가장 가깝게 간 순간일 수도 있다고 봐요. 전에 텔레비전에 어느 유명한 극작가 분이 나와서 특강을 하시는데, 제목이 뭐냐하면 자랑스러운 5백 년 조선 역사 그런 거였어요. 그분 말씀을 빌리자면 중국이나 유럽의 국가들은 아주 부유하고 잘살았지만 왕조가 백 년, 2백 년 이상 가지 못했다. 근데 조선은 아주 가난한 나라였지마는 5백년 이상 갔다. 얼마나 자랑스러우냐? 이런 말씀을 하시더라구요. 저는 과연 그런가 하는 의문이 문득 들었어요. 조선 왕조가 5백 년 이상을 가고 고려도 거의 5백 년을 갔죠? 그런데 저는 오히려 조선과 고려 등 우리 왕조들이 5백여 년 유지된 것이 잘못됐다고 봐요. 그 시대에 왕족과 양반들은 잘 먹고 잘살았겠지요. 백성들은 무슨 희망을 가지고 살았을까요? 변화가 없는 사회에서 미래에 대한 희망이 거의 없었을 거예요. 고려와 조선이 태평성대를 누리는 왕조였나요? 그렇지도 못했어요. 일단 먹는 문제도 해결하지 못했어요. 흉년이 들면 많은 백성들이 굶어죽고 늘 춘궁기에 시달려야 했어요.

이러한 왕조들이 장수한 것 자체가 과연 정상적인가 하는 것이에요. 그러니까 새로운 생각과 새로운 이상과 새로운 목표를 가진 새로운 왕조들이 들어서고, 그런 생각을 가진 사람들이 국가를 이끌었어야 나라가 발전하는 거 아니겠어요? 조선은 이미 임진왜란 때 망한 것이나 마찬가지예요. 임진왜란 이후에 조선은 어땠나요? 당시에 조선의 지배층의 사람들은 어떤 생각을 가지고 있었어요?

되풀이되는 역사

역사는 되풀이되는 것 같아요. 그때 조선의 지식층들과 지금 이 시대의 일부 지식층들의 생각이 너무나 같아요. 우선 임진왜란 자체도 우리가 잘 이해가 안 되잖아요? 우리가 학교 다닐 때 국사 시간에 배운 것은 우리가 일본에 모든 문물을 다 전해 줬잖아요. 근데 갑자기, 일본이 1592년에 조총 들고 쳐들어와서 쑥대밭을 만들어 놓고. 그리고 일본은 그후 200~300년 만에 세계의 열강이 됐어요. 수천 년 동안 우리가 일본을 앞서 왔는데 수백 년 만에 한일 간의 역사가 역전이 된 것이에요. 우리는 무엇을 했나요? 임진왜란 이후 당시의 선조는 명나라가 너무 고마워서 죽을 때까지 명나라 쪽을 등지고 앉지도 않았어요. 또 우암 송시열은 조선의 풀 한 포기, 나무 한 그루, 백성의 털 한 터럭도 명나라 황제의 은총이 미치지 않는 것이 없다고 했어요. 그것이 당시의 조선 지식층들의 생각이었어요.

그런데 그때 동북아에는 엄청난 변화가 일어나고 있었어요. 후금이 일어나고 동북아 질서가 급변하고 있었는데도, 여전히 명나라에 매달려서, 명나라를 재조지은再造之恩의 나라로 여기고 다 망해 가는 명나라에 사대하기에 바빴어요. 동북아에 엄청난 국제 정세의 변화가 일어나고 있었는데도 그런 변화에 제대로 대처하지 못했어요. 그러니 망할 수밖에 없었죠. 근데 요즘 우리나라 일부 사람들은 미국에 대해 똑같이 해요. 당시와 마찬가지로 지금도 우리의 운명을 결정할 수도 있는 큰 변화들이 한반도 주변에서 일어나고 있어요. 이러한 변화의 시기를 우리가 어떻게 대처하고 어떻게 하느냐에 따라서 우리의 운명이 결정될 수 있어요. 통일이 될 수도 있고, 아니면 영원히 통일되지 못한 채 분단 체제로 고착화될 수도 있는 그런 시점에 있어요.

우리의 역사를 폄훼해서도 안 되지만 마찬가지로 과장해서도 안 된다고 봐요. 일본의 역사 왜곡에 대해 우리가 비판하는 것과 마찬가지로, 바로 우리도 우리의 5천 년 역사에 대해서 냉정하게 보고 반성할 것은 반성해야 돼요. 일본에 식민지 지배를 받은 것 자체가 부끄러운 것이 아니고, 과거 역사에 대해서 반성을 하지 않고, 그래서 그런 역사를 되풀이하는 것이 부끄러운 것이에요. 미국과 영국도 식민지로 역사를 시작했어요. 러시아도 몽골로부터 240년 동안 식민지 지배를 받았어요. 과거의 역사를 반성하고 그것을 딛고 새로운 역사를 창조해 내야 하는데 우리 국민들이 과연 그런 생각들을 제대로 갖고 있는지 의문이에요.

어쨌든 '팍스 코리아나'는 당분간 그렇게 쉽지가 않을 것 같아요. 그럼 어떤 질서가 될까요? 지금의 동북아 정세가 구한말과 비슷하다고 말씀하시는 분들이 계시죠. 주변 열강들이 서로 각축을 벌이고 있는 것이 구한말과 비슷하다는 것이겠지요. 주변 열강들은 자기 중심의 질서를 만들기 위해서 굉장히 분투를 하고 있어요. 미국은 미국대로 '팍스 아메리카나Pax Americana'를, 중국은 '팍스 치니카Pax Chinica', 또 일본은 '팍스 자포니카Pax Japonica'를 만들고자 하죠. 그러나 앞으로 21세기 동북아 질서가 과거처럼 어떤 한 국가의 패권에 의해 유지되는 질서가 되기는 어려울 것이에요.

미국은 탈 냉전이 되고나서 유일한 세계 초강대국이긴 하지만 국제적 영향력은 쇠퇴하고 있습니다. 이라크 전쟁을 치루면서 미국의 도덕성, 리더십 이런 것들이 상당한 타격을 받았어요. 미국 경제도 그렇고. 미국 마음대로 잘 안 돼요. 그렇죠? 동북아도 미국 마음대로 잘 되지는 않을 거예요. 중국도 있고 하기 때문에……

바이게모니 질서와 미사일 방어 체제

중국도 중국 중심의 팍스 치니카Pax Chinica 이런 질서를 만들려고 하겠지만, 중국이 지배하는 동북아의 질서, 그것도 쉽지는 않을 거예요. 그러나 중국이 아주 무섭게 성장을 하고 있어요. 미국의 국가 안보 목표, 국가 목표라고도 할 수 있지만, 외교 목표가 뭐냐 하면은 사실은 중국을 견제하는 거예요.

앞으로 중국의 성장이 동북아 질서 방향에 큰 변수가 될 것으로 보입니다. 국제 전문 기구들 보고서를 보면, 2010년 정도 되면 중국의 GDP 국내 총생산가 일본을 추월하게 되고, 2030~2040년 경에 중국의 GDP가 미국과 같아질 것으로 예측하고 있어요. 군사력이나 총체적인 국력 면에서 중국이 미국을 따라가는 데는 더 많은 시간이 필요하겠지만, 아무튼 21세기 후반에는 중국이 미국에 버금 가는 또 하나의 초강대국으로 등장할 가능성이 많아요. 사실 아편전쟁 전까지만 해도 중국은 세계에서 가장 부유한 나라였어요.

그리고 일본은 국제적으로 아주 특수한 신분을 갖고 있는 국가예요. 2차세계대전의 전범국, 패전국이기 때문에 전후에 경제력에 걸맞는 정치적, 군사적인 구실을 할 수가 없었어요. 일본 헌법을 평화 헌법이라고 그러죠. 일본 헌법 9조에는, 일본은 영원히 전쟁 수단을 포기하고, 군사력을 보유하지 않고, 교전권을 부인한다고 돼 있어요. 그러나 한국 전쟁을 기회로 자위대를 창설하고 막강한 군사력을 가지고 있고, 미국과 군사 동맹 조약도 맺었어요. 게다가 캄보디아에 유엔 평화 유지 활동을 명분으로 일본 자위대를 파병한 것을 계기로 아프간과 이라크에

까지 파병해서 일본 군대를 해외에 파병하지 않는 금기를 깨 버렸어요. 위헌 논란의 소지를 불식시키기 위해서 일본 정부는 이미 헌법 개정을 준비하고 있어요. 그런데 미국이 1996년에 일본과 '미일신안보공동선언'을 맺고 일본의 군사력 증강과 군사 대국화를 승인해 줬어요. 미일 신안보 개념 속에는 한반도가 들어가요. 한반도에 어떠한 일이 일어나면 일본의 전시 개념에 들어가는 거예요. 쉽게 얘기하면 한반도의 어떤 비상사태가 발생하면 일본의 자위대가 미군의 군사작전에 협력한다는 구실로 한반도에 들어와서 군사작전을 할 수 있는 거예요.

현재 한국의 군사작전의 전시작전통제권을 누가 가지고 있어요? 미국이 가지고 있잖아요. 그러니까 그 얘기는 우리의 허락 없이 얼마든지 일본이 미군의 허락 하에 한반도에서 군사작전을 하고 주둔도 할 수 있다는 논리랑 마찬가지예요. 자, 이렇게 엄청난 변화를 겪고 있어요.

전에는 미군이 일본에 주둔하고 미국과 일본간의 군사 동맹 관계를 가지고 있는 것이 일본의 군사 대국화를 억제하는 역할, 군사 대국화를 막는 병마개 역할을 한다고 했어요. 그러나 이제는 병마개 역할이 아니라 일본의 군사 대국화를 지지하고 지원하는 역할을 해요. 미국의 전략은 일본과 함께 중국을 같이 막는 거예요.

일본의 군사력을 지원하고 정치적인 역할 확대를 지원하고 유엔 안전보장이사회에서 상임이사국으로 일본이 진출하려 하는 것을 지지하고 지원하고 있는 나라가 사실 미국이잖아요.

21세기 동북아 질서는 어느 한 국가에게 지배되는 질서보다는 주변 국가들 간의 합종연횡에 의해 만들어질 가능성이 커요. 그럼 어떤 질서가 될 것인가? 우선 '바이게모니(Bigemony : Bi와 hegemony의 합성어, 쌍두(雙頭)지배)' 질서를 생각해 볼 수 있어요. 두 개의 국가가 연합해서 패권을 유지하는 질서를 말해요. 일본 쪽에서 많이 나왔던 얘기인데, 미국과 일본이 연합해서 동북아의 패권을 장악하는 것을 의미해요. 그런데 이런 질서가 되기 위해서는 중국이 동북아의 패권 경쟁에서 탈락하거나 이런 질서를 중국이 묵인을 해 줘야 하는데 그럴 것 같지는 않죠? 어쨌든 현재 미국과 일본이 추진하고 있는 외교 안보 정책은 이런 방향에 가깝다고 할 수가 있어요. 미국의 동북아 정책의 핵심은 일본을 키워 함께 중국을 견제하고 봉쇄하는 것이에요.

미국의 아프가니스탄 침략, 또 이라크 침략, 북한 핵문제도 마찬가지예요. 미국의 세계 전략과 크게 다 연관이 돼 있다고 봐야 하는 거예요. 9 · 11테러를 명분 삼아서 미국이 아프가니스탄에 들어갔죠. 9 · 11테러가 안 일어났으면 미국이 아프간에 안 들어갔겠어요? 당연히 들어갔겠죠? 어떤 이유를 붙여서라도……. 근데 그 이후에 어떤 변화들이 일어났는가를 여러분들 한번 생각해 보세요. 그러면 미국이 어떤 생각을 가지고 있는가를 알 수가 있어요. 자, 미국이 아프간에 들어갔어요. 아프간에 들어가서 어떤 변화가 일어났어요? 군사 안보적인 면, 경제적인 면 나누어서 한번 볼까요? 군사 안보적으로는 중요한 요충지인 아프카

니스탄을 점령했어요. 지금은 제대로 통제도 못하고 있지만, 점령을 하고, 파키스탄에도 군대를 주둔시키고 있습니다. 또 구소련의 일원이었던 키르기즈스탄, 카자흐스탄에도 한때 미군사기지를 확보했었어요. 그건 뭘 의미하냐 하면 중국을 동서 양쪽에서 군대를 주둔시켜서 포위할 수 있게 됐단 말이에요.

과거에는 중국의 동쪽에만 군대를 주둔 시킬 수 있었어요. 근데 이제는 중국의 서쪽에도 군대를 주둔시켜서 중국을 양쪽에서 포위하고 있어요. 또 경제적으로도 아프간을 점령함에 따라 카스피해 지역을 통제할 수 있게 됐어요. 카스피해 지역은 중요한 석유 에너지원이에요. 중동의 석유, 이거 언제까지 가는 거 아니에요. 2030년 경부터 고갈 위기에 처해 있다고 하잖아요. 중요한 대체 지역 하나가 바로 카스피해 지역이에요. 거기는 석유도 있지만 천연가스 같은 경우는 세계 매장량의 37퍼센트 정도가 거기에 매장되어 있어요. 이라크 점령은 여러분들 다 아시죠? 미국은 후세인이 알카에다와 연관되어 있다느니 핵무기 개발을 했다느니 주장했지만 이건 다 거짓말이었잖아요. 미국이 이라크를 침략한 이유가 여러가지 있지만, 그중의 하나가 석유 때문입니다.

또 주한미군을 개편하고 있죠? 전국에 흩어져 있던 80여 개의 주한미군 기지들을 통폐합해서 지금 오산, 평택에 미국의 해외 주둔 단일 기지로서는 최대 규모의, 또 최첨단의 기지를 건설하고 있어요. 미국은 자신의 세계 전략에 따라 주한미군의 성격과 한미 동맹의 성격을 바꾸려는 것이에요. 지금까지 주한미군 주둔은 북한에 대한 전쟁 억지력이라는 것이 명분이었는데, 이제는 주한미군이 신속 기동군 역할을 한다는 거예요. 한반도 밖에서 군사적인 필요성이 생기면 신속하게 이동해서 대처하는 그러한 군대로 주한미군을 바꾼다는 겁니다. 그래서 미군 부대를 통폐합해서 미군들을 한군데로 모아들이고 있어요. 평택 쪽에 평택항이 있고 오산 공군기지가 있죠? 이동하기 쉽게 거기다가 모아 놓고 있는 거예요.

이처럼 주한미군이 한국에 주둔을 하고 있지만 그 목적이 한반도 밖에서 군사 작전을 하는, 특히 중국과의 충돌에 대비한 군대로 바꾸고 있는 것입니다. 이에 따라 한미 동맹의 성격도 '지역 동맹' 하자는 거예요. 원래 한미상호방위조약의 그 내용은 침략을 받았을 때 거기에 대처하는 방어동맹이에요. 그리고 작전 지역이 사실상 한반도에 국한돼 있어요. 그런데 이제는 침략을 받지 않더라도 다른 목적에도 사용하고, 한반도 밖에서도 같이 군사 작전을 하는 그러한 한미 동맹을 만들자고 미국이 요구를 하고 있는 거예요.

자, 그렇게 되면 어떻게 되겠어요? 우리가 원하지 않는 군사 작전에 우리 군대가 동원되고, 우리가 원하지 않는 전쟁에 말려들 가능성이 있잖아요. 구한말에도 우리가 우리 땅에서 청일전쟁, 러일전쟁 치르고 그랬어요. 마찬가지로 그럴 가능성이 있기 때문에 우리는 우려를 하는 것이에요. 평택에 짓고 있는 기지는 바로 중국을 겨냥한 기지예요. 중국을 감시하고. 중국을 정찰하는……. 지금 당장 주한미군이 밖에 나가서 군사작전을 하지 않는다고 해도 거기에 중국을 견제하고 감시하는 장비들을 들여놓고, 또 오산 공군기지에서 중국을 정찰하는 정찰기라든지 비행기들이 출격을 하면 그 자체가 바로 우리가 중국과 군사적으로 대결을 한다는 것을 의미하죠?

여러분들 MD(미사일 방어 체제 : Missile Defense) 많이 들어 보셨죠? 그동안 미국이 우리에게 자꾸만 MD에 참여하라고 요구해 왔어요. 김대중 정부나 노무현 정부는 공식적으로는 MD에 참여하지 않는다고 말해 왔어요. 근데 아마 이명박 정부가 들어서면 공식적으로 미국의 MD에 참여할 가능성이 커요. 그렇게 되면 정말 큰일이에요. 이 MD미사일 방어 계획은 굉장한 위험성을 가지고 있어요.

MD를 추진하는 이유는 여러 가지가 물론 있어요. 우선 미국의 군수 산업체를 먹여 살리려는 목적이에요. 탈냉전이 돼서 큰 군수 수요가 없잖아요. 걸프전이나 아프칸과 이라크 침략처럼 계속 전쟁을 해야 하는데, 거기에는 한계가 있어요. 그래서 대규모 군사 프로젝트가 필요한 거죠. 그것이 바로 MD입니다.

또 군사 전략적으로는 어떤 의미가 있냐 하면, MD체제를 구축하게 되면 미국은 핵 선제 공격 능력을 독점하게 돼요. 중국의 핵 억지력을 무력화시킬 수가 있어요. 여러분들, 미국이 MD체제를 하면서 부시가 폐기한 국제조약이 하나 있었죠? 소련과 맺었던 **ABM** anti-ballistic missile

조약이라고 하는 것을 폐기했어요. 안티 벌리스틱 미사일은 탄도 미사일을 요격하는 미사일을 얘기하는 것이에요. 미국과 소련은 1972년에 안티 벌리스틱 미사일을 각기 100개씩밖에 가질 수 없도록 하는 ABM조약을 맺죠. 근데 이 ABM조약은 미소 간에 핵 억지력을 유지시키는 가장 기초가 되는 조약이에요. 미국과 소련이 핵 경쟁을 하다 보니까, 얼마나 많은 핵무기를 갖게 됐냐 하면 인류를 25번 전멸시킬 수 있는 핵무기를 갖게 됐어요. 그런데도 핵무기가 사용되지 않고, 핵전쟁이 일어나지 않았던 것은 핵 억지력이 유지됐기 때문입니다. 내가 먼저 상대를 핵무기로 선제 공격해도 상대의 살아남은 핵무기들이 나를 보복해서 나도 엄청난 피해를 입기 때문에 선제 공격을 할 수 없었던 거죠.

예를 들면 이런 거죠. 내가 완벽한 방패를 가지고 있어요. 상대의 어떤 창 공격도 막을 수 있는 무적의 방패를 가지고 있다면 어떻게 될까요? 나는 상대의 창 공격을 두려워할 필요 없이 언제든지 내가 가지고 있는 창으로 먼저 상대를 선제공격을 할 수가 있겠죠? 그러니까 선제공격을 먼저 못하게 하기 위해서는 방패를 허술하게 만들어야지요. 숭숭 구멍이 뚫려 있는 방패를 서로 들고 있게 해야 되잖아요. 그렇게 하는 것이 ABM조약이에요. 그래서 100개씩 밖에 갖지 못하도록 제약하는 것이 ABM조약인데, MD 계획 자체가 이 ABM조약을 위반하는 거거든요. ABM조약을 부시가 파기 선언을 한 거예요.

만약에 미국이 MD체제를 완성하게 되면 어떻게 될까요. 지금 현재 중국은 미국 본토를 공격할 수 있는 핵 미사일 ICBM 대륙간 탄도미사일이라든지, SLBMC 잠수함 발사 미사일 이런 것들이 20~30여 개밖에 안 돼요. 이 정도는 충분히 요격시킬 수가 있어요. 그렇게 되면 미국의 입장에서는 중국의 핵 억지력을 무력화시킬 수 있는 거지요. 언제든지 마음만 먹으면 중국을 핵무기로 선제공격할 수 있다는 것을 의미하는 거지요. 군사전략적으로는 그런 의미를 가지고 있어요.

그래서 MD를 계획했던 사람들, 럼스펠드라든지 이런 사람들의 입장에서는 이렇게 하면 자기 기반인 군산복합체를 먹여 살려서 좋고, 성공을 하면 중국의 핵 억지력을 무력화시킬 수 있게 되죠, 그뿐만 아니고, 미국이 MD를 하게 되면 중국은 어떻게 될까요? 중국도 군사적으로 대응을 하겠죠? 군사력을 증강하기 위해서 많은 돈을 쏟아 부어야겠죠. 미국의 보수주의자들 중에는 이런 생각을 하는 사람들이 있어요. 이 사람들은 소련이 자기 경제력에 걸맞지 않게 미국과 군비 경쟁을 하다가 경제가 무너졌기 때문에 망했다고 생각해요. 이와 똑같은 논리로 중국에 대해서도 그렇게 생각하는 거죠. 중국이 군사 증강을 하고 군사비를 증액하게 되면 결국은 중국의 경제가 타격을 입게 되고, 중국이 미국을 따라 오는데 더 많은 시간이 필요할 것이다, 라는 생각을 하고 있는 거죠. 이런 여러 가지 의도를 갖고 MD를 구축하고 있는 겁니다.

또 러시아에 대해서도 마찬가지입니다. 지금 러시아도 미국과 동유럽 국가들이 MD체제를 구축하려는 것에 대해 크게 반발하고 있잖아요. 그렇게 되면 러시아의 핵 억지력도 무력화될 수 있기 때문에, 절대로 용납할 수 없다고 굉장히 반대를 하는 것이에요.

그런데 미국은 동북아 지역 차원에서 구축하고 있는 MD체제에 일본하고 한국을 끌어들여서 동북아 지역에 MD망을 만들려는 생각을 가지고 있어요, 일본은 이미 공식적으로 참여하고 있죠. 그리고 한국도 참여를 시키려고 했는데, 국내에서 반대들을 많이 했잖아요. 공식적으로는 지금 참여를 하고 있지는 않지만, 그러나 이미 우리 한국군이 구입하는 무기들이 MD관련 무기들이에요. 이지스함과 페트리어트미사일 등이 그런 무기들이에요. 그런 것들을 구매하는 것 자체가 미국의 MD체제에 사실상 기술적으로 거의 편입된 거나 마찬가집니다. 이명박 정부가 공식적으로 MD에 참여하게 되면 중국하고 군사적으로 대치한다고 하는 선언이랑 똑 같아요.

자, 이처럼 MD체제, 주한미군의 개편과 한미 동맹의 성격 변화, 이런 것들이 미국의 세계 전략 차원에서 이루어지고 있어요. 지금 이 질서 개편기에 잘못하면 우리가 미국의 세계 전략에 공고히 편입될 가능성이 있어요.

'작전 계획 5027', 이런 거 많이 들어 보셨죠? 작전 계획 5027, 5028, 5029 등의 앞의 5는 미국의 태평양 사령부의 작전 계획 번호예요. 1이 들어가면 중부사령부, 2가 들어가면 남부사령부 식이죠. 그중에서도 5027은 한반도 전면전을 상정하는 작전 계획이에요. 우리 군대가 총동원되는 작전 계획이 바로 미국 작전 계획 5027이에요. 이건 뭘 의미합니까? 미국의 입장에서 한국군은 미국의 세계 전략을 수행하는 하나의 부품에 불과한 거예요. 근데 이제는 그래서는 안 되는 거예요. 우리의 자체적인 작전 계획을 가져야 되는 거죠.

북한 유사시에 대비한 작전 계획 5029와 관련해서 한미 간의 이견이 있었죠. 북한의 유사시는 북한에 정변이 일어나거나, 예를 들어서 우리 4·19혁명이나 5·16쿠데타나 이런 거 일어날 때를 의미해요. 심지어는 북한에 대량 탈북 사태가 일어날 때도 북한의 유사시가 돼 미군이 개입해서 북한 지역에서 군사 작전을 할 수 있는 것이죠. 이건 침략이죠. 그리고 이것도 우리의 허가 없이 작전을 수행하고, 또 그 목표도 우리와 달라요. 우리 국민들 아주 순진해요. 북한 정권 붕괴되면 통일된다고 생각해요. 그럴까요? 우리 헌법 3조에는 대한민국 영토는 한반도와 그 부속 도서로 한다. 이렇게 되어 있어요. 그래서 북한까지 다 대한민국의 영토라고 생각하지만, 그건 우리의 생각일 뿐이에요. 국제법적으로도 그렇고, 미국도 그렇게 생각 안 해요. 국제법적으로는 대한민국은 휴전선 이남 지역입니다. 정말 북한 정권이 붕괴하면 그 뒤는 북한에 사는 사람들이 결정할 문제죠. 미국은 어떻게 할까요. 이라크를 생각하면 돼요. 미국은 북한 지역에 친미 정권을 세우려 하겠죠. 그런 시나리오를 사실은 가지고 있죠.

동북아 질서의 다른 시나리오로 트로이카Troika를 생각해 볼 수 있어요. 트로이카는 삼두 체제를 말하죠. 미국, 중국, 일본이 중심이 돼 동북아의 질서를 유지하는 그런 형태를 의미하죠. 트로이카 체제가 21세기의 질서로서 고착화되지는 않지만, 미국과 중국 간의 타협의 산물로 과도기적으로 약간 존재할 수는 있어요. 미국의 입장에서 전 세계적인 리더십을 유지하기 위해서는 중국의 묵인 내지는 지지가 필요하잖아요. 또 중국의 국가 목표는 경제 발전하는 거잖아요. 그래서 자기들이 경제 발전을 해서 경제 대국이 될 때까지는 참고 시간을 벌 필요가 있어요. 북한이나 대만에서 충돌이 일어나면 어떻게 돼요? 중국이 개입 안 할 수가 없어요. 그러니까 그런 사건이 일어나지 않도록 당분간은 한반도 주변이 조용한 거, 중국 주변이 조용한 거, 그것이 중국이 일단 갖고 있는 생각입니다. 그런 점에서는 타협적인 견제로서 트로이카 체제가 잠시 존재할 수는 있겠죠.

새로운 양극체제

다음으로 생각해 볼 수 있는 21세기 동북아 질서는 양극체제예요. 전후 동북아 질서는 바로 이런 모습이었어요. 전후 질서가 양극체제가 아니었다면 우리 민족은 이렇게 분단되지 않았을 수도 있어요. 미국과 소련이 한반도를 한쪽이 다 먹지 말고, 나눠서 완충지대로 만들자, 이런 생각에서 나눈 거예요. 그리고 그 희생으로 우리가 분단이 된 거예요.

그런데 이제 우리가 과거보다는 통일에 대해서 좀 희망을 가지고 있는 건 뭐 때문이에요? 전세계적으로 냉전 질서가 붕괴가 되어서 우리는 통일에 대해서 좀 희망을 가지고 있는 건데, 문제는 앞으로 동북아의 21세기 질서가 다시 양극체제, 신냉전 체제로 될 가능성이 있어서 굉장히 우려하고 있어요. 그렇게 되면 우리 분단이 고착화되겠죠. 아까 미국의 동북아 정책이 뭐라고 그랬어요? 일본과 연합해서 중국을 막는 거라고 했죠. 미국을 정점으로 해서 일본 그리고 똘마니로 한국을 끌어들여서 이른바 미, 일, 한 군사 안보 협력 체제를 구축하는 것, 그것이 미국의 생각이에요. 미국은 주한미군과 주일미군, 태평양 사령부, 그리고 한국군과 자위대를 한꺼번에 통합할 수 있는 지휘 체제를 구상하고 있는 것이죠,

이처럼 미국이 미국, 일본, 한국 3국 안보 협력 체제를 구축해서 중국을 견제하면, 중국은 어떻게 나오겠어요. 상하이 협력 기구를 구축해 러시아와 가까워지고 있고, 여기에 또 북한도 끌어들이려고 하겠죠? 그렇게 되면 새로운 양극체제가 되는 거 아니에요? 그래서 새로운 양극체제로 동북아 질서가 고착화될 가능성이 있어요. 지금처럼 미국의 정책을 좇아 그 정책에 말려들고 거기에 편입되게 된다면, 이런 최악의 시나리오대로 갈 수밖에 없어요.

자, 그러면 어떤 질서가 돼야 해요? 상식적으로 한번 생각해 보세요. 우리는 이 동북아에서 상대적으로 약소국이에요. 그래서 동북아 질서

가 어느 큰 패자에게 지배되는 질서가 되면, 그 패권국의 똘마니 역할을 할 수밖에 없겠죠. 또 동북아 질서가 양쪽으로 편 가르는 양극체제가 된다면, 남북한은 어느 한쪽에 줄서기를 해서 거기서 똘마니 노릇을 할 수밖에 없지 않겠어요. 이런 질서로 가서는 우리가 통일도 이룰 수가 없고 우리 민족의 장래도 보장받을 수가 없어요.

팍스 컨소르티Pax Consortis는 라틴어인데요, 그 지역 국가들이 서로 협력과 견제를 통해서 유지하는 질서를 의미해요. 우리가 동북아에서 당분간은 리더 역할을 하지는 못하겠지만, 그러나 균형자나 조종자의 역할을 하면서 충분히 우리 목소리를 내고, 우리 영향력을 행사하고, 우리 힘을 발휘하면서 살 수는 있겠죠? 그런 질서를 만들어 가야 돼요. 다자화된 질서를 만들어 가야 하는데, 그게 바로 팍스 컨소르티예요.

그러기 위해서는 우리의 안보 정책과 외교 정책이 지금처럼 미국에 전적으로 의존하거나 편입되어서는 안 돼요. 미국이 중요하지만, 미국뿐만이 아니고 러시아도 중국도 똑같이 중요해요. 우리의 외교 안보 정책을 균형화하고 다변화해서 동북아의 균형자 역할을 해야 해요. 우리는 지금 이런 매우 중요한 시점에 있어요.

그런데 이제 이명박 정부 들어서고 나서 한미 동맹을 강화한다고 하는데 더 이상 어떻게 강화하겠다는 건지 모르겠어요. 인류 역사상 여러 가지, 군사 동맹이 있지만, 저는 이렇게 불평등한 군사 동맹이 또 있나 생각해 봤어요. 그래서 어떤 사람은 인류 역사상 처음이다 그러는데,

한미 동맹처럼 불평등한 군사동맹이 있기는 있었어요. 옛날에 2차포에니전쟁 때인가요? 로마가 카르타고를 점령하고는 카르타고를 통제하기 위해서 군사동맹 조약을 맺어서 카르타고가 마음대로 군대를 움직이지 못하게 했거든요. 결국은 카르타고가 로마의 허락 없이 군대를 움직이고, 그것을 핑계로 카르타고를 다시 침략했죠. 임진왜란 당시 명나라와 조선과의 관계도 지금의 한미동맹만큼 불평등하지는 않았을 거예요. 솔직히 이 정도 되는 국력을 가진, 이 정도 되는 인구를 가진 나라가 이처럼 부끄럽고 종속적인 외교 안보 관계를 가지고 있는 나라가 어디에 또 있어요.

그동안은 여러 가지 이유와 명분을 댈 수 있었죠? 북한의 남침과 군사적 위협 등등. 그러나 이제는 엄청난 이 변화의 시기에 우리의 생각 자체를 바꾸어야 해요. 우리의 패러다임을 바꾸고, 우리의 고정관념이 바뀌지 않으면, 새로운 21세기에 우리 민족의 발전과 장래를 또 통일을 과연 담보할 수 있을까 하는 생각이 들어요.

질문과 답변

청중   우리나라가 조정자나 균형자 역할이 되어야 한다, 동북아가 다자화 질서가 되어야 한다고 말씀하셨는데, 그러면 한미상호 방위조약이 어떤 형태로 바뀌어야 된다고 보시는지, 그리고 또 정전협정이 어떤 모습이 돼야 되는지, 특히 그중에서 미군이 어떻게 돼야 되는가 묻고 싶습니다.

이철기 지금 언론 보도를 보면 유엔사령부의 역할을 확대한다 이런 얘기들이 나오는데 미국이 구상하는 것은 한미연합사의 틀을 벗어나 더 큰 지휘 체제를 구상하고 있고, 특히 한반도 유사시에 미국이 쉽게 개입하고 통제할 수 있는 그러한 지휘 체제를 구상하고 있다고 할 수가 있어요. 그 방편의 하나가 바로 유엔사예요. 지금 유엔사라는 게 깃발밖에 없어요. 그런데도 이것을 계속 유지하고 살리겠다는 것이에요. 이 깃발을 가지고 있으면 북한에 대한 군사적인 행동을 하는 것도, 유엔안보리에서 새로운 결의안이 채택되지 않더라도 과거에 만들어진 한국전쟁 당시 1950년에 만들어진 결의안에 입각해서 그걸 확대 해석해서 얼마든지 유엔사 이름으로 미군이 군사작전하는 것을 합리화시킬 수 있거든요. 우려되는 것은 한반도 유사시에 유엔사 깃발을 가지고 미국이 얼마든지 북한 지역에 들어가서 군사작전을 마음대로 할 수 있고 그리고 일본도 끌어들일 수 있잖아요.

또 지금 정전협정을 평화협정으로 바꾸는 문제가 있는데, 북한의 핵 문제가 해결되면 북한 핵 문제만 해결되는 것이 아니고, 북미 관계를 정상화하고, 정전협정을 평화협정으로 바꾸는 문제를 논의하도록 되어 있어요. 어쨌든 북한 핵 문제가 완전히 해결된다는 것은 지금의 정전 체제가 종식된다고 하는 것을 동시에 의미해요. 그 과정에서 유엔사 해체가 사실은 돼야죠. 그 점을 강력하게 우리 시민사회에서 주장할 필요가 있어요.

청중   오늘 말씀 들으니까, 우울해지는데요, 지금도 그렇고 그 얘기 들으니까 앞으로는 한동안은 계속 힘 센 놈이 골목대장하는 그런 사회가 되는 것 같은데, 힘으로 지배하는 사회가 살기도 힘들어질 거고, 그런 힘의 논리 말고, '우리 싸우지 말고 사이좋게 지내자' 그런 운동이 필요하지 않을까요?

이철기   희망은 있죠. 남북 관계가 발전했고, 북미 관계도 진전되고 있잖아요. 여러 가지 변화가 있을 수 있겠지만, 한반도에서 평화를 이루는 기본적인 조건의 하나는 북미 간에 관계 정상화가 이루어지는 것이에요. 남북 관계와 북미 관계 발전이 동시에 이루어져야 해요. 그리고 남북 관계가 종속 변수가 아니고, 주 변수가 되어서 밀고 나가야 해요.

2000년 10월에 북미 간에 '공동 커뮤니케'에 합의해서 클린턴이 평양 방문을 약속하고 미국으로서는 그때 관계 정상화하려고 했었죠. 그 배경에는 몇 달 전에 있었던 남북정상회담이 있어요.

남북정상회담 열려서 남북 관계가 확 풀려 가는데 그 상황에서 미국이 뒷짐 지고 있으면, 동북아에서 미국의 영향력은 점점 쇠퇴해질 수밖에 없었죠. 그래서 미국도 북한과 관계 정상화를 적극적으로 하지 않을 수가 없었어요. 따라서 지금도 남북이 적극적으로 주도권을 가지고 문제를 풀어 나가는 게 중요하고, 그러기 위해서는 남북 관계를 획기적으로 발전시켜야 해요. 남북 관계를 국가 연합 정도로는 발전시켜 국제사회에 우리의 통일을 기정사실화해 놓아야 해요.

청중　미국이 견제하는 것이 중국이라고 했잖아요. 만약에 미국이 완전히 철수를 했다고 하면 한반도에 우리가 바라는 평화가 올까, 미국이 철수하면 그 다음에 중국이 오지 않을까 저는 그런 생각도 들거든요.

이철기　동북아의 질서를 다자화된 질서로 구조화하는 것이 필요합니다. 유럽은 EU(유럽연합 : European Union)로 가고 있잖아요. 동북아가 그렇게까지는 되지 않겠지만, 유럽이 어떤 지역이에요? 끊임없이 싸우고 전쟁했던 지역 아니에요? 지난 20세기 두 번의 세계대전을 치루고, 엄청난 희생을 치렀던 지역이에요. 그런데 유럽은 그러한 적대 관계와 대립을 청산하고, 화해와 통합의 길로 가고 있어요. 유럽이 지향하는 것은 국가연합 수준까지 가는 것이라고 봐요. 경제도 통합되고 있어요. 화폐도 유로화로 통합됐잖아요.

이처럼 유럽은 협력과 통합의 길로 가고 있는데, 동북아는 어때요? 전후의 질서도 청산하지 못하고, 대립과 갈등, 군비 경쟁, 이런 질서로 치닫고 있어요. 그래서 이런 것들을 협력의 질서로 만드는 것, 이것을 구조화하는 게 필요해요. 유럽처럼 완전한 통합 체제로 가지는 못하겠지만, 상당한 정도의 경제적인 협력 체제라든지 안보적인 협력 체제를 만들어야 해요. 유럽에서는 OSCE유럽안보협력기구를 통해 안보 협력체를 만들었고, 동남아는 아세안ASEAN이라는 틀이 이미 만들어졌잖아요. 동북아에서도 구조화된 협력들을 만들어 내는 것이 상대적으로 약소국인 우리로서는 굉장히 중요해요.

열심히 사는데 왜 우린 행복하지 않을까?

이땅에서
청소년으로
산다는 것

배경내

여러분에게는 양심의 자유가 있습니까? 당연하죠.. 두 살짜리 아이에게 양심의 자유는 어떤 의미를 가질까요? 낯선 질문이죠. 하지만 생각을 해 봐야 해요. 여러분은 종교의 자유를 갖고 있습니까? 그럼 유아 세례는 어떻게 볼 것인가, 이렇게 생각해 봐야 해요. 일단 청소년 인권을 얘기할 때 학교 얘기부터 안 할 수가 없는데요, 여기 오신 청소년들 보면 교복을 입고 오셨지요. 이름표가 어떻게 되어 있습니까? 박음질이 되어 있죠. 청소년들에게만 가능한 이야기입니다.

이땅에서
청소년으로 산다는 것

　두 분이서 여행을 한번 떠나 보실 거예요. 한 분은 눈을 감고, 출발점에서 펜을 들고 여기 도착점까지 와 주시면 되거든요. 동글동글 이 복잡한 길을 따라서 여기 도착하실 건데요. 옆에 계신 분은 절대로 손을 잡거나 하시면 안 되고 다만 말로만, 눈을 감은 분이 잘 도착할 수 있게끔 설명을 해 주시면 돼요. 눈을 감으신 분은 절대 중간에 눈을 뜨시면 안 됩니다. 자, 시작해 볼까요?

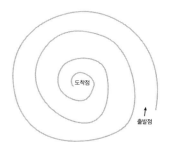

출발점에서 연필을 대고 눈을 감는다

눈을 감고 다른 이가 설명해 준대로 간 길

　쭉 살펴보니 비교적 둥글둥글 그려진 길도 있고 삐뚤삐뚤 그려진 길도 있네요. 다른 데서 해 보면 이렇게 계단을 그리듯이 그려지는 길도 있고 밖으로 빠졌다가 이렇게 다시 찾아오는 길도 나옵니다. 요 모양의 차이가 왜 생겨날까? 눈을 감으셨던 분, 잠깐 손 한번 들어 보시겠어요? 고생하셨습니다. 짧은 시간인데 왜 이렇게 길이 멀게 느껴지는지, 그렇죠? 눈을 감고 길을 찾아가시는 동안 자기한테 편했던 이야기, 찾아가는데 힘이 됐다 싶은 이야기가 혹시 기억나시나요?

"잘하고 있어요. 조금 남았어요. 왼쪽, 오른쪽. 잘하고 있으니까 쭉 가라."

아, 그러셨군요. 그러면 이번엔 안내를 해 주셨던 분. 내가 이 말 하니까 이 사람이 좀 잘하는 것 같더라 싶은 말은 뭐였나요?

"잘하고 있습니다."

"지금처럼만 하세요."

아, 지금껏 잘해 왔다는 말, 신뢰를 보여 주는 그런 말들이었군요. 그럼 이번엔 내가 이 말을 해서 상대방을 혼란에 빠뜨렸다거나 듣기에 불편했을 것 같다 싶은 말이 있었나요? 서로 방향이 달라서 오른쪽, 왼쪽이 서로 다른 경우, 안내해 주는 사람이 너무 다급하게 상대방을 제지하는 경우. 걱정되는 마음에서 멈추라고 한 건데 갑자기 '스톱'을 외치니까 눈을 감은 사람이 당황해서 자기 속도나 방향 감각을 잃어버리게 만드는 경우도 있죠. 또 왼쪽으로 1센티미터, 오른쪽으로 1센티미터, 이런 식으로 설명하면 정확하게 설명해 준 것처럼 들리잖아요. 그런데 이런 말은 동그라미의 느낌을 잊어버리게 만들지요. 내가 원의 어디쯤을 돌고 있는지 전혀 짐작할 수 없는 말이지요.

우리가 주어진 그림처럼 길을 비교적 원만하게 돌 수 있으려면, 설령 이렇게 길을 잠깐 벗어나더라도 다시 길을 찾아서 오도록 하려면 여러 조건들이 갖추어져야 해요. 길을 가는 사람이 자기를 믿고 갈 수 있게끔 신뢰를 보여 주는 말, 그리고 서로 신뢰할 수 있는 조건을 갖추는 것. 예를 들면 두 사람이 방향이 달라서 서로 헷갈린다 싶으면 빨리 자리를 옮겨 방향을 맞춘다거나 제가 왼쪽 오른쪽이라고 할 때 당신 처지에서 하는 말이라고 빨리 이야기를 해 주는 것. 혹은 눈을 감은 사람이 처음 이미지를 잊어버리지 않도록, 이를테면 지금 원의 윗부분을 통과하고 있어요, 자 슬슬 내려가시면 됩니다, 이런 식의 말들 있잖아요.

이 짤막한 활동으로도 우리가 평소 어떻게 소통하고 있는지가 드러나지요. 우리가 소통이라고 믿는 것들이 굉장히 지시적이고 권위적인 경우들이 많이 있는데요. 그런 생각이 들더라고요. 눈을 감고 길을 찾아가는 사람이 어쩌면 어린이 청소년들일 수 있겠다, 그리고 안내하는 사람이 보여 주는 태도는 우리 사회가 어린이 청소년을 양육하는 하나의 방식을 보여 주는 것일 수도 있겠다라고 말이지요. 지금 우리 사회는 어린이 청소년에 대해 굉장히 많은 기대와 관심을 보내지요. 그러나 관심이 지대하다는 것이 청소년들의 권리와 존엄성을 과연 존중하는 것과 일치할까요? 그렇지 않다는 증거들을 많이 발견할 수 있습니다. 오늘 그 부분에 대한 이야기를 나눠 보도록 하겠습니다.

우린 누구의 소유물도 도구도 아니다

세계인권선언이라고 들어보셨나요? 올해가 탄생한 지 60주년 되는 해인데요, 여기에서 하는 말이 모든 사람은 타고난 존엄성과 권리에 있어 평등하다는 거예요. 이 말은 자본주의 사회에서 굉장히 혁명적인 힘을 갖고 있지요. 왜냐? 자본주의는 결코 인권을 보편적으로 보장할 수 없는 사회니까, 이 사회의 문제점을 보여 주고 그 잃어 버린 권리를 찾기 위한 당사자들의 투쟁에 굉장히 힘을 주는 말이 바로 인권이지요. 근데 그만큼이나 인권은 정치적 수사로 많이 사용돼죠. 때문에 인권을 보장한다는 게 과연 뭔가에 대한 고민이 많이 필요한 것 같아요. 우리는 인권은 보편적이다라는 말이 현실에선 거짓말인 걸 알고 있어요. 예를 들면 이런 거죠. 여성들의 권리가 오늘날 많이 향상이 되긴 했지만 여성들이 지금도 평등한가요? 아니다라고 생각하시죠? 1789년 프랑스

혁명 이후로 인권이 정치, 근대 정치의 지배적인 원리가 됐잖아요. 사람들은 모두 인권이 있고, 이것을 보장하는 것이 국가의 의무다, 국가의 존재 이유는 바로 거기에 있다, 이게 바로 프랑스혁명의 가장 중요한 정신이었던 거잖아요. 근데 이 프랑스혁명이 터지고 나서 2년 뒤인 1791년 어떤 여성이 이런 얘기를 해요. '여성들은 교수대에 오를 권리를 가졌다.' 교수대에 오를 권리라는 게 사실 권리는 아니지요. 여성들이 잘못을 하면 잡아다가 처벌을 하는 의무를 부과하더라는 이야기죠. 때로는 목숨까지 빼앗고. 그런데 여성에게는 왜 연단에 오를 권리가 없느냐?라는 질문을 던진 거예요. 왜 여성은 스스로를 대표할 권리가 없느냐고. 이 여성은 단두대에서 처형을 당해요. 이 얘기가 굉장히 불온한 주장이었던 거죠. 인권 혁명이라고 보통 말하는 프랑스혁명 시기에 일어났던 일이죠. 이 이후로 여성들이 투표권을 쟁취한 게 불과 1세기도 안 되었지요. 그런 시대에 우리는 지금 살고 있습니다.

그런데 이런 생각을 해 보게 되요. 여성은 남성보다 미성숙하다, 흑인은 백인보다 열등하다, 이런 이야기들을 오늘날 공적인 무대에서 공개적으로 얘기하면 어떻게 됩니까? 적어도 그게 정치적 교양으로는 안 되는 얘기라는 건 알아요. 마음으로 동의하든 동의하지 않든. 그러나 '애들은 좀 모자라잖아'라는 얘기는 어떻습니까? 여기 청소년들도 와 계시는데, 이 얘기는요 집에서나 거리에서나 학교에서나 방송에서 위엄을 잡고 토론하시는 분이나 국회의원 나으리들까지 온갖 사람들이 대놓고 거리낌없이 하는 얘기에요. 청소년들 얼마나 억울한 존재들입니까? 그래서 오늘날 청소년들이 이렇게 얘기하죠. '청소년도 인간이다, 학생도 인간이다.'

작년에 발표된 질병관리본부의 조사 결과가 굉장히 사회적으로 충격을 준 적이 있었어요. 우리나라 청소년들, 중1부터 고3까지, 20명 중에 한 명은 실제로 자살을 시도해 본 경험이 있다라는 결과가 나왔어요. 청소년기가 감수성이 굉장히 예민한 나이죠. 저도 청소년기에 자살을 굉장히 여러번 생각을 해 본 적이 있었어요. 그런데 자살을 생각해 보는 것과 실제로 시도하는 것과는 엄청난 차이죠. 그러니까 20명 중에 한 명이 실제로 자살을 시도한 경험이 있다는 것이 갖는 의미가 뭔가? 우리 사회는 청소년들에게 어떤 메시지, 어떤 미래를 주고 있나? 이런 것들을 고민해야 되는 게 아닐까. 청소년이 자살했다 하면 다 입시 문제로 몰아가는데, 입시 문제도 있겠지만, 자신을 사랑하는 법을 배우기 힘든 이 사회 전반의 구조, 가족에서의 양육 방식, 자신의 성 정체성 등 모든 것들이 다 복합적으로 들어가 있다고 봐요. 실제로 이것에 인권의 비밀이 숨겨져 있다는 생각이 들어요.

가정 폭력, 장애인 차별, 아동 학대, 체벌 따위 가운데 폭력이 아닌 것은 무엇입니까? 없지요. 그런데 모양새가 다른 게 하나 있어요. 바로 체벌이지요. 가정 폭력, 장애인 차별 같은 이런 것들은 이름만 보더라도 자기가 나쁜 녀석이라는 걸 다 얘기해 줘요. 또 이 녀석을 처벌할 수 있는 근거 법령이 마련되어 있죠. 근데 체벌은 어떻습니까? 이름부터가 나쁜 녀석인지 좋은 녀석인지 헷갈리게 만들고 있어요. 그리고 초중등 교육법 시행령에 교육적 체벌은 허용이 되어 있어요. 뭐가 교육적 체벌이냐, 이게 힘센 사람의 마음이라는 거죠. 인생에서 어린이기와 청소년기를 통과하는 동안 체벌에 노출된 적이 없는 사람이 얼마나 될까요? 여기도 어쩌면 애새끼가 하도 말을 안 들어 가지고 한 대 확 쥐어 팬 적이 있는 분도 있으시고, 어렸을 때 맞아 본 경험이 있는 분들도 있을 겁니다.

왜 그럴까요? 당신의 진보성을 체크해 보세요라는 사이트가 있었어요. 여러분은 얼마나 진보적입니까? 예를 들면 이런 거지요, '당신은 국가보안법이 폐지되어야 한다는 것에 동의하시나요?', '우리 사회는 빈곤한 사람들이 많이 있는데 그 사람들을 위해서 사회적 자원을 우선 배분해야 된다고 생각하시나요?' 이런 식의 질문이 나와 있었어요. 그런데, 대부분 한 진보 하신다는 분들이, 나와 있는 질문에 다들 예스, 예스, 예스 했는데, 마지막에 체벌이 폐지되어야 한다고 생각하십니까? 라는 질문에 '노'라고 대답하는 분들이 많이 있었다는 거죠. 이만큼 체벌을 옹호하는 의식을 가진 사람들이 많다는 거예요.

거리에서 장애인이 비장애인에게 맞고 있는 장면을 본다, 그럴 때 우리는 어떻게 합니까? 때리고 있는 비장애인 저 새끼 나쁜 새끼라고 기본적으로 생각하잖아요. 길거리에서 어린아이가 어른에게 맞고 있다,

그럴 때는 어떻게 생각하십니까? (말 드럽게 안 듣는 녀석이구나.) 그렇죠. 저 아이한테 뭔가 문제가 있을 거라고 생각을 하죠. 그렇게 생각하도록 훈련이 되어 있다는 거예요. 반면에 청소년 인권을 이야기하는 것은 어떤가? 때로는 맞을 각오를 하고 얘기를 해야 되거든요.

청소년 인권에 대한 이야기가 예전보다는 많이 나오고 있지만, 여전히 청소년 인권을 바라보는 사회적 긴장이 만만치 않아요. 실제로 제 주위에 있는 청소년들 보면 머리카락 하나, 자기가 달고 있는 버튼 하나를 가지고 인생을 건 투쟁을 해요. 사실은 그럴 만한 일이 아닌데 말이에요. 자기 양심으론 '버튼을 떼면 안 되는데 내일 또 달고 가면 학생부장한테 개 맞듯이 맞겠지.' 이런 생각으로 버튼을 뗄 때 무슨 생각을 할까요? 내가 정말 이것밖에 안 되는 인간인가, 이렇게 끊임없이 자기를 부정할 수밖에 없는 그런 조건에 날마다 놓여 있다는 거죠.

아는 선배가 영국에서 몇 년 살다가 들어왔어요. 영국에서 유치원 다니던 둘째 아이가 들어와서 우리 유치원에 다녔는데 6개월 동안 유치원에서 단 한마디도 하지 않았다는 걸 뒤늦게 알게 됐대요. 이 선배가 너무 걱정이 돼서 왜 그랬는지 물어 봤대요. 선생님들이 하는 이야기를 잘 못 알아듣겠느냐고. 이 꼬마가 하는 말이 "유치원은 우리가 이야기하는 곳이 아니야. 선생님들만 얘기하는 곳이야." 이렇게 얘기를 하더라는 거예요.

오늘날 우리들은 아이들에 대해 각별한 관심을 기울이지만 아이들의 세계는 그만큼 인권으로부터 멀어지고 있어요. 아이들은 좀 뭔가 미성숙하고, 아직은 배워야 될 때라고 생각하죠. 미성숙하면 어떻습니까? 실수를 많이 하고 많이 다칠 것 같아요. 위험한 일에 함부로 들어가면 안 될 것 같아요. 그래서 보호와 통제를 위한 제도나 관행이 발전을 하죠. 그러면 아이들이 다양한 삶의 경험, 이런 것들을 만날 수 있는 기회가 없어지죠. 그러다 보면 사람이 무력해져요. 그러다 보니까 어떻게 됩니까? '봐, 애들은 모자라잖아.' 이렇게 해서 다시 미성숙하다는 기존 관념을 정당화해 주는 악순환의 고리가 계속되는 겁니다. 그래서 이런 질문이 필요합니다. 어린이 청소년은 원래 부족한 존재였나? 아니면 우리가 이 사람들을 미성숙하게 무력하게 기르고 있는 건 아닌가?

20세기는 아동관에서 중요한 전환이 일어난 시기예요. 아이들이 너무 학대나 착취에 방치되어 있다, 그래서 특별한 보호가 필요하다는 데 눈뜬 게 20세기 초반이에요. 이를테면 19세기 영국에서 어머니가 아이를 때려죽인 사건이 있었는데, 이 어머니를 처벌할 근거 법령이 없어서 동물학대금지법을 적용했어요. 그만큼 아이들에 대한 기본적인 보살핌도 이루어지지 않았기 때문에 아동 보호에 대한 고민이 시작됐어요.

20세기 중반에 또 한 번 전환이 일어나는데, 이제 더는 보살핌만으로는 충분하지 않다. 아이들에게 자기 결정과 참여의 기회를 어떻게 줄 것인가를 생각해야 한다는 주장이 나왔어요. 이 시기에 프랑스나 영국 이런 나라에서는 중요한 도전이 일어나요. 청소년 당사자들에 의해서.

1960년대 말 영국에서 전국중고등학생연합인가 그런 조직이 생겨요. 이 학생들이 권위주의적인 교육에 도전하기 시작했죠. 학교는 감옥과 다름없다, 교육에서도 민주주의가 필요해, 왜 우리 의사가 아니라 부모의 동의를 묻느냐, 두려움 없이 불만을 제기할 수 있어야 한다, 양심에 반하는 종교 교육이나 예배는 거부되어야 한다, 우리에게는 실수할 권리가 있다. 이런 주장을 펼치기 시작하죠. 우리를 보호하고 통제하는 그것이 설령 사랑으로부터 시작된 것일지라도 보호하고 통제하는 일은 이제 그만하고 우리한테 기회를 달라. 이런 이야기를 하기 시작했어요. 이런 도전의 결과로 여러 가지 변화들이 일어나요. 이를테면 엄마 아빠가 이혼할 때 누구랑 함께 살 것인가를 결정하는 문제에서부터 법정에서 어린이, 청소년들이 직접 소송의 당사자가 될 수 있게끔 하는 그런 보완책들이 마련되거나 선거 연령이 낮아지거나 하는 변화가 일어나게 돼요.

이러한 노력들의 결과로 유엔에서 1989년에 아동권리협약이 채택돼요. 우리나라도 이 협약에 가입이 되어 있어요. 이 협약의 정신을 기억하는 게 굉장히 중요합니다. 첫째, 아동은 사람이다. 아이들도 인권의 주인이라는 얘기지요. 두 번째는, 아동기는 미래를 위해 준비하는 시기로서만 의미 있는 것이 아니다. 바로 오늘 그 아동기를 누릴 권리가 있다는 얘기를 해요. 놀 권리, 아동은 놀이를 통해서도 배운다, 이런 얘기들을 여기서도 같이 하고 있죠.

그 다음에 아이들은 누군가의 소유물이나 도구가 아니라 소중한 사람이다라는 정신. 그래서 아동에게 영향을 미치는 결정을 내림에 있어서 아동 자신의 최상의 이익을 목적으로 해야 한다. 근데 우리는 그게 다 아이들을 위한 거라고 생각하면서 대신 결정해 주죠. 그래서 네 번째 정신이 이거예요. 최상의 이익이 무엇인지를 결정할 때 아동 자신의 의사를 존중하라. 여기서 아동은 18세 미만의 모든 어린이와 청소년을 이야기하는 거예요.

그럼 이런 질문을 던져 볼까요? 여러분에게는 양심의 자유가 있습니까? 당연하죠. 두 살짜리 아이에게 양심의 자유는 어떤 의미를 가질까요? 낯선 질문이죠. 하지만 생각을 해 봐야 해요. 여러분은 종교의 자유를 갖고 있습니까? 그럼 유아 세례는 어떻게 볼 것인가, 이렇게 생각해 봐야 해요.

"선생님 제 양심에 따라 행동하겠습니다"

일단 청소년 인권을 얘기할 때 학교 얘기부터 안 할 수가 없는데요. 여기 오신 청소년들 보면 교복을 입고 오셨지요. 이름표가 어떻게 되어 있습니까? 박음질이 되어 있죠. 청소년들에게만 가능한 이야기입니다.

지난 2월 광명에 있는 진성고등학교에서 학생들이 옥상에 올라가서 종이비행기 시위를 해요. 학교가 어떻게 바뀌었으면 좋겠다는 소망을 담아서. 학생들이 직접 동영상을 만들었는데 꼭 보세요. 학생들이 종이 비행기 시위를 하고 난 다음날 학생부장 선생님이 방송을 합니다. "여러분, 어제 종이비행기 시위 잘 봤습니다" 하고 시작하는 방송. "선생님들 바보 아닙니다, 노력해도 되는 게 있고 안 되는 게 있습니다, 비판적인 사고 부정적인 사고 방식 필요 없습니다, 여러분 대학생 아닙니다." 그리고 마지막은 "진성고 파이팅!"으로 끝나는 이 방송. 가장 끔찍했던 말이 "여러분 사랑합니다" 하는 말이에요. 명문대 입학해 줄 여러분, 너무 사랑한다는 겁니다.

아담 스미스의 《국부론》을 보면 교육에 대한 장이 있어요. 이 책이 나라를 부강하게 만드는 법을 다룬 책이잖아요. 이 책에서 이 얘기를 해요.

'하층민을 교육시키면 정부 정책에 대해 방자하거나 불필요한 반항을 더 적게 하게 될 것이다.'

브레히트도 이렇게 얘기해요.

'학교에서 가장 중요한 것은 도덕 교육이다. 복종하는 법을 가르치는 것이다'

사실 학교가 하는 역할은 여러 가지지만, 저는 통제 기관으로서의 본질, 이거를 잘 봐야 한다고 생각해요.

강의석 씨, 이 사람 기억하실 겁니다. 2004년 학생의 종교 자유 얘기를 꺼내 기독교 사학 자본을 깜짝 놀라게 한 사람이지요. 이 사람이 종교 자유 얘기를 꺼내 가지고 대광고등학교에서 퇴학을 당했는데요. 퇴학 이유를 보면 네 가지가 있어요. 첫 번째, 조용한 학교에 괜히 종교 자유 어쩌구 저쩌구 얘기를 꺼내 가지고 주위 학생들을 선동하고 질서를 교란했다. 두 번째, 안에서 조용히 얘기하면 될 것을 괜히 밖에다가 언론에다가 떠들어 가지고 대광고등학교의 명예를 실추시켰다. 세 번째는 이 학생이 서울시 교육청 앞에서 방과 후에 일인시위를 했는데 학생이 어떻게 감히 시위를 하느냐였어요. 학생 신분에서 벗어났다는 거죠. 네 번째는, 첫날 시위를 하고 다시 시위를 하러 나가려니까 이 학교 선생님이 막았죠. 하루는 봐줘도 두 번은 못 봐준다 나가지마. 근데 이 학생이 "선생님 제 양심에 따라서 행동하겠습니다" 하면서 나간 거예요. 그래서 교사의 정당한 지도에 불응한 게 되었지요. 이 모든 걸 한마디로 정리하면 닥치고 시키는 대로 가만히 있어라 이런 얘기잖아요. 지금은 그런 일이 없느냐? 저희한테 계속 제보 들어오는 사건들을 보면 그런 일들이 여전한 학교의 일상이라는 것을 이야기해 주죠.

이런 식으로 학교가 가르치는 게 뭐냐? 엎드려 뻗쳐 시켜 놓고 선배가 후배 길들이는 장면 익숙하실 겁니다. 학교가 폭력을 가르치니 학생들도 폭력을 통해 문제를 해결하는 법을 그대로 배우게 되는 겁니다. 또 학교는 무기력을 학습시킵니다.

서울에 있는 한 중학교에서 두발 자유와 체벌 금지를 요구하는 시위가 일어났어요. 학교가 주동자를 색출해 징계를 주려고 했는데 인권단

체들이 나서서 이걸 막았어요. 학교가 공청회를 열어 학생들의 의견을 수렴하겠다, 그렇게 약속했거든요. 두 달이 지나도록 감감 무소식이자 학생들이 두 번째 시위를 계획했어요. 점심시간 종 땡 치면 5600명이 달려 나오기로 했어요. 그런데 학생부 교사들이 이 사실을 알아내곤 점심시간 때 건물 앞에서 기다리고 있었어요. 학생들이 우르르 쏟아져 나오는데 교사 몇이서 "이 자식들 안 들어가?" 한마디만 했어요. 그 많던 학생들이 순식간에 혼비백산해서 모두 들어갔죠. 그냥 선생님 비켜 주세요, 그러면서 나가면 되는데. 왜 그랬을까? 선생님이 한 말이니까. 선생님의 명령을 넘어설 수 없으니까. 그게 바로 학습된 무기력이에요. 학교가 하는 짓이 바로 이런 겁니다.

학교는 또 거짓말도 굉장히 잘 포장을 하죠. 점점 더 집의 경제 수준이 학업의 성취도에 미치는 영향력이 높아지는 시대가 되어 가고 있어요. 부모의 교육 수준에 따라서, 소득 수준에 따라서 실업계로 가느냐, 인문계로 가느냐가 결정되지요. 그런데 학교는 마치 열심히 하면 누구나 성취가 가능한 것처럼 포장을 해요. 교복 문제만 봐도 그래요. 학생들이 교복을 편하다고 얘기해요. 편하다, 신경 안 써도 된다, 안 꿀려도 된다, 이렇게. 그런데 교복의 사회적, 정치적 기능이 뭐냐에 대한 질문이 필요해요. 이 시기에 똑같이 해 놓는 이유가 뭘까? 저는 이게 계급 갈등을 관리하는 방식이라고 생각해요.

가족 체계에 종속된 운명

　다음으로 어린이 청소년 인권과 관련해서는 가족 체계 문제를 들여다보는 게 굉장히 중요하다고 생각하는데요. 아동 학대를 금지하는 법도 마련되어 있지만, 사실은 이래요. 당장 우리 옆집에서 그 집 부모가 아이를 엄청나게 폭력적인 방식으로 양육한다고 할 때 어떻게 합니까? 그 집 문을 열고 들어가서 그 행동을 제지하나요? 이게 남의 사생활에 간섭하는 것 같이 인식되지요. 아이들을 어떻게 기를 것인가를 그 부모의 권한으로만 보는 데 익숙한 사회가 지금 우리 사회죠. 그러다 보니까 이 아동 학대를 예방하기 위한 캠페인 이런 것들을 하는 사람들이 학대받은 아동의 몸을 전시하는 방식으로 호소를 하는 거예요. 예전에 가정 폭력, 아내의 구타 문제를 예방하는 법적 체계를 강화하는 운동을 하면서 매 맞는 여성의 몸, 이런 것들을 잠깐 전시한 적이 있었어요. 근데 이제는 그런 것들 생각하면 큰일 나는 그런 감수성을 가진 사회가 됐잖아요. 반면에 아이들의 인권을 향상시키는 과정에서는 쉽게 아이들의 상처받은 몸을 전시하거든요. 아동을 대하는 사회 방식을 보여 주는 대표적인 예라고 볼 수 있지요.

　가족 체계와 관련해서 저는, 여기 자녀 분과 함께 오신 어머님도 계시지만, 그런 고민이 필요하다고 생각해요. 아이들의 운명이 얼마나 부모에게 종속되어 있는가. 아르헨티나에 있는 '5월광장어머니회'라는 조직이 있어요. 이 어머님들이 군부독재에 저항하다 실종된 반체제 인사들을 자녀로 둔 사람들이에요. 군부가 사람들을 막 잡아다가 수용소 같은 데 가두고 있다가 나중에는 바다에 던지고 정글 같은 데 버려 동물의 밥이 되게 하고 그런 끔찍한 일들이 일어났어요. 그런데 이 사람들의 어린 자녀를 군부가 체제 협력자들에게 선물로 줘요. 입양을 보내는 거죠. 왜 그랬을까? 정보기관에서 자라난 아이들은 체제의 협력자로 자라날 가능성이 높은 거죠. 또 기독교에서 가장 효과적인 선교 방식 중 하나로 택하고 있는 게 입양 선교라는 거예요. 아프리카나 기독교가 전파되지 않은 지역에 가서 부모가 없는 아이를 입양을 해 와요. 그래서 이 아이를 선교사로 길러서 그 지역에 다시 보내요. 아이를 선교사로 만들 목적으로 입양을 하는 것, 이것이 어린이 청소년들이 가족 안에서 길러지는 방식을 상징적으로 보여 주는 하나의 예라고 볼 수 있지요.

이렇게 가족 단위로 아이들의 삶이 쪼개져 있고 그 가족 안에서 부모의 가치관에 따라서 그대로 영향을 받는 게 아이들의 삶이지요. 또 하나 가족 단위로 가족의 생계가 연계되면서 청소년들이 하는 노동, 알바 이런 것들에 대해서도 사회에서 평가가 절하되는 거죠. 이들이 실제로 동일한 노동을 하지 않기 때문이 아니라 이 아이들의 노동은 보조하는 노동이라는 거잖아요? 보조하는 노동이기 때문에 적게 주는 게 당연하다는 거죠. 지금도 청소년 노동, 알바를 조사 해 보면은 최저 임금보다 훨씬 안 되는 돈을 받고 일하는 친구들이 굉장히 많이 있어요.

내일이 되면 좋아진다는 따위의 말

과거와 달리 근대사회에 굉장히 중요한 특성은 대부분의 사람들이 경제적으로나 정신적으로나 의존적인 아동기를 보내고, 그 아동기는 학교 교육 기간이 연장됨에 따라 갈수록 더 길어지고 있어요. 그만큼 사람들은 더 미성숙해지더라는 거예요. 이 역설을 어떻게 해결할 것인가? 여기에 대해서 우리가 해결책을 마련해야 해요.

칠레에서 고교생 7천여 명이 나와서 교육 재정을 확보하라는 시위를 했지요. 프랑스에서도 청소년들이 나와서 최초고용계약 같은 문제 있는 법안을 철회시켜 냅니다. 사회적 주체로서 청소년들이 거리로 많이 나오죠. 반면에 우리 청소년들 같은 경우에는 자기 문제를 얘기하면서도 얼굴에 가면을 쓰고 나와요. 엄마 아빠한테 걸리면 죽어요, 이렇게 얘기해요. 실제로 걸려 가지고 다시는 인권 운동 판에 못 오는 친구들이 여럿 돼요. 자기 양심에 따라 학교와 한번 맞짱을 떠 보겠다 이렇게 한 친구들이 그 다음 날 보면 소리 소문 없이 사라져요. 왜? 엄마 아빠가 돈을 끊는대요. 이러면 끝이에요.

얼마 전 학교자율화 조치를 교육과학기술부가 발표를 했잖아요. 이게 미칠 사회적 영향이 굉장히 클 텐데, 아침밥도 못 먹고 0교시 강제 보충 이런 게 보편화되는 게 아니냐, 우리 애들 체력도 나쁜데 완전 골병 들겠다 이러면서 반대 운동이 일어나요. 저는 정말 우리가 걱정할 게 그게 아니라고 생각해요. 정말 가장 큰 문제는 청소년들이 생각할 시간, 사회에 한 번이라도 참여해 볼 시간, 그런 걸 통째 빼앗는 거. 그 동기마저 꺾어 버리는 것, 이게 학교 자율화 조치의 가장 큰 문제가 아 닌가라는 생각이 듭니다.

어떻게 청소년을 사랑할 것인가? 이 질문이 필요합니다. 랭스턴 휴즈 라고 할렘의 셰익스피어라고 불리는 시인이 있어요. 이 사람이 쓴 '민 주주의'라는 시를 봤을 때 청소년들 생각이 많이 났어요. 이 사람은 흑 인 인권 운동에 참여했던 분인데, 이 양반이 이런 얘기를 해요. 나는 저 들의 이야기를 듣는 데 신물이 난다, 내일이 되면 좋아진다는 따위의 말, 내 자유는 내가 죽은 뒤에는 필요 없다, 나 또한 여기에 살아 있으니 너희들과 마찬가지로 자유를 요구한다. 백인들이 흑인의 권리를 유예 시키는 방식이 바로 내일이 되면 좋아진다는 말이었지요.

학교 졸업할 때까지만 기다려, 권리는 졸업한 후에나 찾아라, 이런 이야기를 청소년들이 듣고 있어요. 청소년들에게 바로 지금을 되찾아 주지 않으면, 청소년들이 당장 골병 들고 상처받고 이런 문제뿐 아니라 이 자본주의 시스템 자체에 균열을 내는 게 불가능해요. 저항할 동기를 잃고 그 동기를 계속해서 꺾어 버리는 사회, 한 번 얘기를 했다가 이거 피 보는 일이라는 걸 뼈저리게 배우고 순응하는 거를 일찌감치 깨닫도 록 만드는 이 사회, 그런데 어떻게 우리가 사회를 바꿀 수 있겠습니까?

두발 자유를 가지고 목숨을 거는 한 친구는 이런 얘기를 해요. 아니 도대체 학교에서 이 말도 안 되는 두발 규정 하나 못 바꾸는데, 사회 나가서 저 억압적인 구조들을 어떻게 바꿀 거냐고. 자기 머리 하나 제대로 관리 못하는 사람이 어떻게 자기 삶을 자주적으로 관리하겠냐고. 저는 굉장히 중요한 지적이라고 생각해요.

야누쉬 코르착이라는 분이 어린이 청소년 권리에 있어서는 굉장히 선구적인 이야기를 많이 한 사람인데, 이 양반이 이런 얘기를 해요. 어린이를 대할 때는 진지하게 부드러움과 존경을 담아야 한다고. 그냥 부드럽게 대하는 것만으로 부족하다, 존경을 담아야 한다고. 우리는 아이들을 무시하고 깔보는 게 너무나 익숙해져 있다는 거예요. 예를 들면 이런 거죠. 우리는 아이들의 몸을 함부로 대해요. 전철에서 처음 보는 아이 한테 '아이고 고 녀석 예쁘게 생겼네' 하면서 막 만지지요. 이 아이가 받아들일 준비가 되어 있는지 아닌지도 모르면서. 그러다가 애가 자지러지게 놀라서 울면 '애가 성격이 까칠하네' 이렇게 얘기해요. 이게 우리가 아이들을 대하는 방식이죠.

한 초등 대안학교 선생님이 자기들을 사랑하고 신뢰하는 사람들도 자기 몸을 소중하게 대하는 거를 일상적으로 경험하면 낯선 사람들이 함부로 몸을 보거나 만지는 거에 대해 저항할 수 있지 않겠냐고 생각하셨대요. 이 학교는 교사가 아이들을 자주 안아 주고 신체적인 접촉이 많은 곳이에요. 어느날 시냇가에 가서 아이들과 같이 놀다가 이 선생님이 아이들이 너무 사랑스러워서 "야 너네들 너무 너무 예쁜데 내가 껴안아도 돼?" 이렇게 한번 물어 보셨어요. 애들이 다들 황당한 얼굴로 보더래요. 그런 질문을 받아본 적이 없었으니까. 그런데 놀랍게도 "응, 좋아" 하면서 안긴 아이들도 있지만 "오늘은 싫어." 이렇게 얘기하는 아이들도 있었대요. 그렇게 질문을 던지고 동의를 받는 것이 아이들을 사랑하면서도 존경하는 것이 아닌가라는 생각을 해요.

인권의 세포를 되살리자

이제 우리는 인권의 세포를 되살리면서 아이들의 삶을 다시 보지 않으면 안 됩니다. 두발 자유 문제만 하더라도 굉장히 중요한 정치적 문제예요. 집이 잘살고 부모가 많이 배운 아이들은 두 가지 장점이 있죠. 얘들은 공부도 잘하고 자신감도 있고 교양도 있고 논술도 잘하고 뭐든 다 잘해요. 또 자율, 창의성, 이런 것들을 그 집안, 그 계급의 교양으로서 선사받고 끊임없이 격려받으면서 자라나요. 만약 부모와 사이가 안 좋으면 서울로 유학을 가든 외국으로 유학을 가면 돼요. 그런데 가난한 집 아이들은 어떻게 크느냐? 엄마 아빠랑 정말 안 맞고, 엄마 아빠가 맨날 지지고 볶고 싸워도 이 친구들은 선택의 여지가 없어요. 가출말고는. 그냥 견디는 거예요. 자율성, 창의성 같은 것들은 선사받지 못해요. 그렇기 때문에 두발 자유는 학생들이 보편적으로 획득해야 할 권리임과 동시에 자기 삶을 자율적으로 구성할 수 있는 사회적인 조건을 잘 못 갖고 있는 학생들에게 더더군다나 중요한 권리라는 거죠. 저 박음질

된 이름표를 탈부착이 가능한 이름표로 바꾸는 문제, 혹은 이름표 없이도 학교 다녀도 되는 문제, 이런 것들이 중요한 정치 문제가 되어야 하는 거죠. 이런 거 하나 하나를 바꾸는 게 청소년들을 사회적인 주체로 대하는 방식을 바꾸는 문제라고 생각합니다.

마무리를 해야 될 텐데요. 식탁에 방금 막 불에서 꺼내 온 찌개가 놓여 있어요. 소주 생각부터 나시는 분 있으시죠? 이제 막 아장아장 걷기 시작한 아이가 식탁으로 다가옵니다. 그 시기가 숟가락으로 이것저것 다 헤집어 보고 막 이럴 때잖아요 그걸 통해서 세상을 탐색하고 자기를 표현하는 연습을 하는 때지요. 이 아이가 이 뜨거운 찌개가 너무너무 궁금해서 손을 갖다 대려고 하면 어떻게 해야 됩니까? (일단 잡아야죠.) 아 네, 손을 딱 잡는다. 또요? (아이 손을 잡아서 그 손을 갖다 이렇게 대 줘요.) 네, 자기도 인간인데 뜨거우면 떼겠지요? 대응 방식이 다양해요. 아이 손을 낚아채면서 위협, 공포를 주는 방식이 있겠죠. 어떤 분들은 아예 관심사를 다른 데로 돌리죠. 딸랑딸랑 여길 봐 장난감 주면서 이렇게 관심을 딴 데로 돌리는 분. 또 어떤 분은 찌개를 아예 치워 버리죠. 애 앞에서 뭐 하나 제대로 먹지도 못하겠네 하면서요. 이런 분도 계시지요. 아이가 찌개 안에 손을 집어넣으면 큰일이 나잖아요. 대신 이게 뭔지 궁금하니 하면서 살짝 대 보게 하는 거죠. 아이가 뜨거우니까 손을 떼겠지요? 이렇게 김이 나는 것은 뜨거운 거니까 조심해야 한단다 이렇게 얘기해 주면 되지요. 이렇게 아이의 호기심을 꺾지 않으면서도 아이를 보살피는 그런 방식도 있잖아요.

이 네 가지 대응 방식의 차이가 사실은 어린이기 청소년기를 통틀어서 이들을 대하는 방식과 맞닿아 있습니다. 학교가 혹은 나는, 우리 자녀들과 어떤 관계를 맺고 있나 이런 질문들이 굉장히 중요한 것 같습니다. 저는 청소년들이 청소년기에 두려움 없이 자기 생각을 이야기하도록 격려받는 사회를 만들어야지만 이 사회를 바꿀 수 있지 않을까 생각해요. 청소년들의 저항을 격려하는 사회를 만드는 게 굉장히 중요하다, 그게 이 자본주의 사회를 바꾸는 힘을 또한 만들어 내는 것이라고 생각해요.

우리들만 해도 그렇게 자란 게 억울하지 않습니까? 그런 새로운 만남을 기대해 보면서 제가 준비해 온 이야기를 마치겠습니다.

질문과 답변

청중 안녕하세요. 직장인인데요, 한국에서 양심적인 사람, 진보적인
사람조차도 청소년 인권 문제에 대해서 배부른 소리라고 생각하
게 되는 이유가 자기 삶과 머리가 분리되기 때문이라고 생각이
되는데요. 이런 게 저는 극복되기 힘든 문제라고 생각했는데 어
떤 생각을 갖고 계시는지요?

배경내 그렇죠. 그거는 진짜 선택을 할 수밖에 없는 거잖아요. 그러니까 '생각하는 대로 안 살면 사는 대로 생각하게 된다' 라는 말이 있는 것처럼 어린 시절에 오늘 지금 내가 행복한 길을 선택하는 데 주저함이 없도록 격려받는 것, 저는 이게 굉장히 중요한 얘기라고 생각이 들어요. 제 생각은 그래요. 앞서 말씀드렸듯이 저는, 지금 청소년들이 자기를 사랑하고 존중하고 자기 느낌에 확신을 갖고 작은 것부터 도전하는 그런 것 없이는 이 사회가 안 움직인다고 생각해요.

　근데 선생님들은 입시 문제가 풀리면 모든 게 다 해결될 거라고 생각을 한다거나 이 문제는 너무나 주변적인 문제로 생각을 하는 거죠. 그 부분에 대해서 전체 운동 차원에서 대화가 필요하다는 생각을 합니다.

청중 사회 속에서 가정이나 아니면 학교에서 학생들이 자신의 권리를 찾지 못하고 사회가 학생들을 무기력하게 만든다고 하셨잖아요. 그럼 학생들은 그 무기력함에 빠지지 않게 어떤 행동을 해야 하는지?

배경내 청소년 인권 운동의 역사가 한국 사회에 한 10년, 조금 기록할 만한 역사라고 하면 그런 정도 되는데요. 그 10년 동안 청소년 인권 운동이 발전해 왔느냐? 아니거든요. 청소년 인권 운동에서 여러 가지 암초가 있죠. 가장 큰 암초는 이들이 청소년기를 졸업함과 동시에 중요한 문제로 별로 생각하지 않아요. 그래도 자신들의 문제를 이야기하는 청소년들이 많이 늘었다는 것, 그건 굉장히 주목할 만한 변화다, 하는 생각이 들어요. 혼자서 하기 어려우면 친구들이라도 모아서 학교 안의 동아리로 거점을 만들어라, 인터넷에 청소년 인권을 가지고 모이는 공간들이 몇 군데 있거든요. 거기라도 모여라, 그래서 뭐라도 내 문제를 이야기하는 경험을 한 번이라도 해 보라고 해요.

예전엔, 우리 선배들은 귀 밑 3센티미터였는데 지금 그래도 살짝 머리를 더 기를 수 있는 자유를 누리는 건 선배들이 그만큼 애써서 투쟁한 대가고, 옆에 있는 학교에서 친구들이 막 짤리면서까지 투쟁한 결과인데, 그런 거에 대해서 어떻게 할 것인가에 대해서. 내 권리 문제뿐만이 아니라, 그런 역사적인 사명 의식을 갖는 것도 중요한 것 같고, 그런 사명감을 갖고 있는 친구들이 오래 버텨요. 실제로. 그런 것들을 어떻게 잘 관계 속에서 바라볼 수 있게끔 할 것인가, 그게 중요하고, 많은 분들의 협력이 필요합니다.

청중   짤막한 질문 두 가지가 있습니다. 첫 번째는요, 언급된 청소년과 아이들이 대한민국 국적의 공교육 궤도에서 공부하고 있는 정상적인 학생을 대상으로 강연을 하고 있는 것 같고요, 이를테면 학교 공교육 혜택을 받지 못하는 아이들이나 외국인 국적 아이들이나 다문화 가정 아이들이나 혹은 대안학교에 있는 아이들이나 혹은 새터민 청소년들을 위한 인권 운동이 있는지 궁금하고요, 두 번째는 인권 활동가들이 하는 인권 운동과 선생님들끼리 모여서 하는 인권 운동이 맞닿을 수 있는 지점이 있는지 궁금합니다.

배경내 두 번째 질문에 대한 답변부터 드리면 전교조 내부, 교육 운동 안에서 청소년 인권, 학생 인권에 대한 주장은 여전히 소수의 주장이에요. 체벌에 대해서 합의를 못해요. 두발 자유도 합의를 못해요. 이게 정말 저는 참 안타까워요. 지금 학생들은 교사들을, 혹은 교육 운동을 별로 신뢰를 안 해요. 어떤 선생님 한 분이 그런 얘기를 하시죠. 사실 두발 자유 하나만 전교조가 명확하게 이야기를 하고 학교를 바꾸면 학생들 80퍼센트가 우리 편이 되는데, 왜 우리가 힘도 없는 학생들 80퍼센트를 대상으로 싸움을 하고 있냐고. 이런 얘기를 하세요.

처음에 전교조가 불법 단체로, 법외 단체로 출발했을 때 그 조직이 살아남을 수 있었던 힘이 바로 거기 있었지 않습니까? 그때 막 학생들이 거리에 나와서 선생님을 돌려달라고 엄청나게 시위를 했어요. 근데 지금 선생님들이 만약 그런 처지에 놓였다, 학생들이 거리로 나올까요? 저는 거기에 대해서 자신 있게 대답하는 교사를 한 분도 못 뵈었어요.

지금 우리 운동의 연대가, 교육이 얼마나 신뢰가 없는지, 운동에서 교사 학생의 연대가 깨지는 게 뭔지 대표적인 예라고 생각을 해요. 그거를 회복하기 위해서는 교사 운동이 저는 먼저 달라져야 한다고 생각해요. 교육 운동과 인권 운동이 만나는 접점에서 굉장히 중요한 학생 인권을 핵심적인 의제로 삼아야 한다는 생각을 해요.

먼저 해 주셨던 질문은 맞습니다. 그런 한계가 있고, 제가 그런 한계를 갖고 이야기할 수밖에 없는 것은 제가 만난 경험, 제가 처리해 본 경험의 한계 때문에 그런거죠. 말씀해 주셨듯이 이주민 자녀들에 대한 노동 착취 문제도 굉장히 심각해요. 우리 사회의 청소년들 내부에서 또 다른 소수자들이 엄청나게 많이 있죠. 그 문제들이 정말 본격적으로 제기가 돼야 하고. 저는 학생들 인권 문제, 이거 이 고비를 잘 넘지 않으면 다른 문제도 참 풀기 힘들다라고 생각해요. 그게 순서가 있다는 건 아니고, 두루두루 청소년 일반 거대한 연대를 만들어서 잘 펴 나가야 되겠다고 생각해요.

열심히 사는데 왜 우린 행복하지 않을까?

나는 왜
농사꾼이 되었나

윤구병

자연 속에서 다른 생명체와 만나는 길은 밥통을 거치게 됩니다. 밥통 속에서 만나는 겁니다. 먹고 먹히는 것, 그러니까 생체 보시를 우리가 아침 점심 저녁으로, 우리가 음식을 먹을 때 다른 생명들의 생체 보시를 받는 것입니다. 자기 목숨을 바쳐서 우리를 먹여살리는 것입니다. 이것이 먹이사슬이라고도 하고, 여러 말로 불려지기도 하지만 이 '만남' 이라는 것이 그렇게 엄중합니다.

나는 왜 농사꾼이 되었나

여러분들 혹시 허천병이라는 병을 알고 있는 분 계십니까? 어떤 병입니까? 밥을 먹어도 먹어도, 목구멍까지 차오르고, 게워 낼 만큼 먹어도 그래도 먹고 싶어지는 병이 허천병입니다. 보통 허기증이라고 하죠? 좀 어려운 말로 하면 가성 허기증인데 제가 어렸을 때 이 허천병에 걸린 적이 있습니다.

저는 형제가 아홉 명인데 6·25전쟁 때 형 여섯이 다 없어졌습니다. 당시에는 여론조사를 제대로 했는지 모르지만, 우리나라 사람 가운데서 70퍼센트 이상이 사회주의 국가가 돼야 한다고 생각했다고 그럽니다. 그리고 특히 학생들이라든지 젊은 사람들은 여운형 선생의 건국준비위원회라든지 이런 데 소속돼 있다거나 남로당 정당에 가입이 되어 있거나 이렇게 해 가지고 사회운동을 했습니다. 저희 형들도 마찬가지였구요. 그런데 이승만 단독 정권이 들어서면서 형들은 이래서는 안 된다 하고 생각을 하고 있었던 차에 아마 북녘에서 내려오니까, 환영을 했던 것 같습니다. 그렇게 해서 여섯 형이 하루아침에 없어졌습니다.

아버지는 이 장대 같은 자식 여섯을 제법 똑똑하다고 여겨 이런 꿈도 꿨다고 그럽니다. 자식이 아홉이니까 하나는 대통령시키고, 나머지는 팔도 도지사로 왕국을 건설할 꿈을 꾸셨답니다.(웃음) 그런데 그 꿈이 하루아침에 무너지게 되니까 밑에 있는 녀석들은 아예 농사꾼을 만들자, 신식 교육이라는 게 몹쓸 교육이다, 자기 목숨 보존도 못하게 하는 교육이다, 이렇게 해 가지고 1·4후퇴 때 고향으로 낙향을 하셨습니다. 그 때부터 제가 농사일을 배웁니다.

삶의 시간을 통제하는 법을 배운 어린 시절

제가 초등학교 2학년 올라가자마자 6·25가 났는데 아버지가 학교에 안 보내시는 겁니다. 그래서 4년 동안을 제가 집에서 농사짓고 산에 가서 나무도 하고 그렇게 지내는데 그때 하필이면 전쟁 직후에 모든 흉년이 거푸 들었습니다. 그래서 식량이 없으니까 왕겨를 갈아서 먹고, 수수껍질도 갈아서 먹고, 들판에 가서 쑥을 뜯어 가지고 왕겨나 이런 데다 버무려 먹기도 했습니다. 여러분들 혹시 아프리카나 소말리아 같은데 굶주린 어린애들이 갈비뼈가 다 드러나고 삐쩍 말랐는데 아랫배만 톡 튀어나온 모습 보셨습니까? 제가 그 모습이었습니다. 왜 그러냐 하면 왕겨나 그런 거는 순전히 백 퍼센트 셀룰로오스거든요. 수수껍질이나 왕겨를 뱃속에 집어넣는데, 이게 소화가 안 되고 창자를 계속 늘려 가면서 아랫배에 쌓이게 되니까 배가 볼록해지는 겁니다. 이게 나중에 똥으로 나오는데, 어찌나 단단하고 거친지 똥구멍을 찢고 나옵니다. 그래서 피가 흘러 내립니다. 그래서 저는 '똥구멍이 찢어지게 가난하다'는 말이 은유가 아니라는 것을 그때 처음 깨쳤습니다.

어머니 얘기도 해야겠네요. 저희 어머니는 후처고 큰어머니가 계셨습니다. 저희 아버지가 열다섯 살 때 조랑말을 타고 장가를 드셨습니다. 큰어머니는 열일곱 살, 아버지보다 두살 위셨습니다. 큰어머니는 제 큰누나 하나를 낳고 자궁에 탈이 생겨서 소생이 없게 됐습니다. 아버지는 한 집안의 장남이라, 그때는 아들을 낳아서 대를 이어야 하는데, 계속해서 장가를 들라 들라 해도 들지 않고 스물 아홉 살 때까지 재취를 하지 않고 버텼습니다.

저희 작은아버지가 한 분 계셨는데, 참 호방한 분이셨다고 그래요. 작은아버지가 여자 있는 술집에 드나드셨는데, 형을 끌고 갔답니다. 가 보니까 예쁘장한 여자가 술청에 있었는데, 그분이 바로 제 어머니였습니다.

우리 외할아버지께서 송씨 가문인데, 이분이 노름을 즐기셔서 투전판 곁을 떠나지 못해서, 그걸로 집도 팔아먹고, 전답도 팔아먹고, 그러고 나서는 어머니 열다섯 살 때, 이모 열일곱 살 때 두 딸까지 술집으로 팔아넘겼습니다. 어머니는 열다섯 살 때부터 술청에 나가서 술을 팔기도 하고, 짓궂은 손님들이 손목 끌어당기면 몸도 팔고, 돈 많은 부잣집에서 소실로 들어오라고 하니까 거기 따라갔다가, 본부인이 머리 끄댕이 잡고, 구박을 하니까 쫓겨나기도 하고, 그렇게 살았답니다. 그런 어머니가 그래도 아버지 눈에 보기에는 꽤 고왔던 모양입니다. 그리고 아버지가 순진했던 모양입니다. 술청 같은 데는 잘 안 다니시던 분이니까……. 집에서는 몇 년째 다시 장가를 들라고 성화를 부리던 때, 저희 어머니 이름이 송남순인데, 아버지가 보니까 마음에 들고 해서 내가 지금 아들을 낳기 위해서 마누라를 또 하나 맞아야 할 형편인데 당신 나하고 같이 살지 않겠느냐, 살고 싶으면 지금 보따리를 꾸려 가지고 뒤를 따라 오너라 해 가지고 앞에 나서서 한참 걷다가 뒤돌아보니까, 어머니가 주춤주춤 따라나서더랍니다. 그래서 어머니하고 같이 살게 되었습니다. 그런 어머니가 병약하셨으면서도 아들을 아홉이나 낳으셨습니다. 이게 저희 집안 얘기입니다.

어쨌든 그렇게 해서 아버지가 저를 농사꾼을 만들겠다고 해서 학교를 4년 동안을 안 보내셨습니다. 근데 저는 아버지가 굉장히 슬기로운 판단을 하셨다고 믿습니다. 왜냐하면 그때 그 4년 동안에 저는 제 삶의 시간을 제 스스로 통제하는 법을 배웠습니다.

대체로 요즘 아이들은 더 그렇지만, 걸음마 하고 말을 배우기 시작하면서부터 극성스러운 부모님이 책상머리에 앉히고, 온갖 교육을 시킨다고, 실제로는 타율적으로 강제되는 시간 속에 몰아넣는데 저는 이렇게 강제된 시간 속에 산 경험이 그렇게 많지 않습니다. 제 삶의 시간을 제가 통제하는 법을 비교적 어렸을 때부터 익힌 셈입니다. 제가 어려움을 겪을 때, 말하자면 제 생명력이 다른 사람들의 강제에 의해서 어떤 것을 하도록 순순히 길들여지지 않고 야생마처럼 제가 이것이 옳다, 이것이 좋다 하면서 머리로 깊이 생각하는 게 아니라, 비교적 단순하게 몸을 움직여서 삶의 길을 달리 바꾸고 하는데 도움이 됐다고 생각합니다.

그런데 제가 살던 곳에 불이 났습니다. 산에서 나무를 해서 저희가 늘 솔갈비 긁어 가지고 쟁여 놓는데, 불을 때고 뒷단속을 잘못해 불이 솔갈비에 옮겨 붙어 집이 홀랑 다 타 버렸습니다. 그래서 아버지가 아주 조그마한 오두막으로 이사를 가게 되었습니다. 그때 고종사촌 형이 그 근처에서 교편을 잡고 있었습니다. 초등학교 선생님을 하고 계셨는데, '애를 이렇게 아예 안 가르치면 어떡하느냐, 그래도 초등학교는 나와야 자기 앞가림을 할 수 있지 않겠느냐, 학비나 교과서 값은 내가 댈테니까 지금 아이를 학교에 보내라'고 했습니다. 제가 집에다가 학교 끝나자마자 한눈 팔지 않고 와서 농사일을 거들겠습니다, 단단히 약속을 하고 학교를 다녔습니다.

우여곡절 끝에 초등학교를 졸업하고 나서 조금 더 공부하고 싶었습니다. 하지만 집에 아무것도 없어서 학교 보내 줄 형편이 안 됐죠. 아버지가 남한테 아쉬운 소리 안 하시는 분인데, 학다리중학교 교장선생님의 아버지가 저희 아버지 친구분이었습니다. 아들이 중학교 가고 싶다고 하니까 생전 그런 부탁할 줄 모르는 분이 친구 아들인 중학교 교장을 찾아갔습니다. 내 아이를 학비 안 내고 학교 다니게 할 수 없겠느냐고 하니까 '공부를 제법하는 모양인데, 장학생 규정이 있으니까, 입학 시험에서 일등을 하면 받아들이겠다' 고 하신 모양입니다. 그래서 너 그럴 자신 있냐고 해서 잘 모르겠다 그렇지만 할 수도 있지 않겠느냐고 해서 시험을 봤습니다. 시험을 봤는데 불행하게도 일등을 못했습니다.

그래서 교장선생님이 '특별생 제도가 있는데, 평균 성적이 95점 이상이 되면 학비 면제가 된다, 그런 특별생이 될 각오가 있으면 받아들이고 지켜보겠다' 그래서 제가 중학교에 들어갔습니다. 그러고 나서 특별생이 되려고 얼마나 애를 썼는지 모릅니다. 어떨 땐 책을 벽에 내던지면서 외우고 또 외우고 해서 결국은 특별생이 됐는데, 중학교 3학년 때 가출을 했지요.

학년 말 시험을 앞두고 가출을 했다가 눈은 펄펄 내리는데 한겨울에 제대로 맞아 주는 데가 없어서, 공주 갑사에 가서 머리 깎고 중이 될까 하다가 그것도 실패하고 다시 돌아왔습니다. 그러다 해마다 가출을……(웃음) 그리고 한번 가출을 하니까 한창 사춘기고 그래서 만사가 시들해지고 그러더라구요. 그리고 '나는 열여덟 이상 살아서는 안 된다, 이 더러운 세상에 내가 열여덟 살 이상 살아서 무엇하리' 하면서 끊임없이 자살을 꿈꾸면서 여기저기 전국 각지를 흘러다녔습니다. 그때 예산 수덕사에 일엽스님이라고 유명한 여스님이 만공스님 문하에 계셨는데

《청춘을 불사르며》라는 책을 내셨습니다. 베스트셀러였습니다. 그거 읽으니까 중노릇이 그럴듯할 것 같더라구요. 그래서 여기저기 흘러다니다가 거기 가서 중이 되겠다고 하니까 고등학교는 졸업하고 와야지 하고 주지스님이 거절을 합니다.

그래서 중도 되지 못하고, 다시 집으로 돌아왔는데, 고등학교 2학년 때입니다. 학기가 시작한 지 2주일만에 학교에 갔더니, 교장선생님이 너 좀 와 봐라 하고 부르셔요. 네 아버지 체면을 봐서 네가 필요하다면 졸업장은 줄 수 있다, 다만 학교는 나오지 말아다오, 그래서 제가 집에 있게 되었습니다.

아버지는 제가 가출을 했다가 돌아와도 늘 '왔냐?' 마치 학교 갔다 오는 것처럼 맞이하시고, 일체 어디갔었냐는 그런 말씀이 없으십니다. 묻지 않는 것이 그렇게 고맙더라고요. 그랬는데 갑자기 아들내미가 처음에는 학교에 가는 척하다가 나중에는 그것도 없이 아예 집에 죽치고 있는 겁니다. 참 답답하셨는지 어느 날 저한테 사진 찍으러 가자고 하셔요. 여덟째 형인 팔병이 형은 열다섯 살 때 투덕투덕 구두통을 만들더니, 그거 가지고 서울로 상경을 했습니다. 그래서 집에는 혼자만 남았지요. 저만 남았는데, 이 녀석이 학교에서 떨려 나간 겁니다. 그래 가지고 사진관에 가서 사진을 한 장 박았는데, 거기에 한자로 네 글자가 씌어 있어요.

그런데 그 글자가 되게 어려워요. 저도 어렸을 때 한문을 좀 배웠는데, '아버지 이게 무슨 글자입니까' 했더니 '마지막 실오라기 한가닥'이라는 뜻이래요. 아버지가 웬지 되게 불쌍하더라구요. 아버지를 위해서 제가 공부를 다시 시작했습니다. 그때 예비고사 본고사가 있을 때인데 4개월 공부를 해서, 서울대학교에 운좋게 합격이 됐습니다. 저는 그때 서울대라고 하면 서울에 있는 대학은 전부 서울대인 줄 알았어요. 그래서 학비가 제일 싸니까 거기에 응시를 했는데 합격이 된 겁니다. 그래서 1년을 절약한 셈입니다. 고3 다니지 않고, 그해 대학을 들어 갔으니까요.

윤브린너

대학 다닐 때 제 별명이 '윤브린너' 였습니다.(웃음) 머리를 빡빡 깎은 사연이 있습니다. 이발료가 엄청 비싸더라고요. 신발은 하얀 고무신, 그것도 돈이 없어서 신은 건데 머리까지 빡빡 깎고 다니니, 쟨 정말 특별한 애야, 그래서 별명이 윤브린너가 됐습니다.

처음에는 제가 대학교를 졸업하리라고 꿈에도 생각을 안 했습니다. 제가 그때 철학과를 간 것도 무슨 철학에 뜻이 있어서가 아니라 당시에 박영준이라는 분이 있었습니다. 연세대 국문학과 교수도 하신 분으로 알고 있습니다. 그분이 신문에다가 연재 소설을 쓰고 있는데 그 소설 주인공이 철학과 학생입니다. 그런데 어쩌다가 읽어 보면 이놈은 맨날 술만 퍼먹습니다. 그러고 학교도 안 가고 아주 완전히 날라리로 그려져 있는데, 와 좋겠다, 이거다 바로! 내가 철학과 꼭 가야 한다, 그래서 철학과에 들어갔습니다. 그래 가지고 들어가자마자 놀기 시작했죠. 그런데 1학기 성적표를 딱 받아 보니까 권총은 안 보입디다. 그렇지만 초승달, 반달이 좌라락······.(F학점은 '권총'으로 C학점은 '초생달'로, D학점은 반달로 부르던 대학생들 은어입니다.)

그래서 이제는 공부를 좀 해야겠다고 생각했습니다. 워낙 제가 시골학교를 나와서 어학에도 떨어지고 해서 어학을 공부했습니다. 독일어는 헤르만 헤세를 좋아했기 때문에 원전으로 읽어 주는 게 예의겠다 해서······. 불어는 앙드레 지드를 좋아해서 이것도 원전으로 읽어 드려야지 해서 공부하고······. 이런 식으로 공부를 했습니다.

또 《페이터 산문》이라고, 여기서 읽은 사람이 없을 겁니다. 고등학교 교과서에 나왔었는데 뭐 지금 생각하면 한문 투성이고 이게 도대체 문장이야 했을 텐데 그때는 그렇게 근사하게 보였습니다. 그래서 이것도 원어로 읽어 드려야겠다고 생각해 가지고 희랍어를 공부하려고 했더니 누가 그 말을 듣고, 그거 할려면 라틴어부터 해야 돼, 그래서 라틴어 공부를 하고 있었습니다. 그게 제 지도 교수인 박홍규 선생님 귀에 들어갔습니다. 박홍규 선생님이 너 라틴어 공부한다면서? 그러면 방학 때 우리 집에 와, 그래서 박홍규 선생님 집에서 밥 얻어먹어 가면서 방학 때 라틴어 공부를 하고 그 다음에 희랍어를 공부했습니다.

그래서 공부를 하겠다는 허영심도 생기고 제 인생이 좀 비뚤어(?) 나 갔습니다. 군대는 알오티시ROTC로 갔다 왔습니다. 우리 때는 알오티시를 바보티시라고 했습니다. 그러지 않으면 학기 중에 군대 갔어야 했는데 그 바보티시에 들어가면 졸업할 때까지 군대 가는 게 보류가 됐습니다. 졸업을 하고 나서 지도 교수님이 어찌어찌해 가지고 어렵게 육사에다가 강의 8시간을 마련해 주셨는데, 그때 8시간 강사료로는 교통비와 하숙비도 감당이 안 되어서 포기했습니다. 그후 브리태니커 백과사전 회사에다 친구가 저를 추천했어요. 그래서 브리태니커 백과사전 회사에 다니다가 나중에 〈뿌리 깊은 나무〉가 창간될 때 제가 편집장을 했습니다. 우리 가문에서 최고로 출세를 했습니다. 한참 다니다 보니까 그것도 재미가 없어져요. 그래서 박사 과정을 수료했습니다. 전 박사 아닙니다. 수료만 했습니다. 논문을 못 썼습니다.

행복한 길을 찾아

충북대에서(그때는 석사 학위만 갖고 있어도 대학 선생 노릇을 할 수 있었던 때인데) 철학과가 처음 개설돼 가지고, 공채를 한다고 해서 그 공채 시험에 다행히 합격을 했습니다. 그런데 제가 유학 가려는 사람을 가르친 경력이 있어서 그런지 영어 시험에서 제일 성적이 좋았다고 합니다. 그래서 그 친구한테는 고맙게 생각합니다.

그렇게 해서 한 15년을 이 대학에서 선생 노릇을 하는데, 참 답답합니다. 젊은 학생들은 가슴에 온갖 질문들이 들끓고 있는데 그걸 입 밖에 내서 질문을 못합니다. 그것이 개인적인 문제여서, 그런 질문을 하면은 꼭 재수없는 사람들이 끼어 있어서 우리 진도 나가요 하니까 질문을 못하고 꿍꿍 참고 4년을 지내고 나가고 나가고 하는 것을 봅니다. 그 대답 없는 질문만 잔뜩 쌓고 쌓다가 졸업장 하나 받아 가지고 학생들은 나가고, 저는 질문이 없으니까 질문 없는 대답을 제가 질문서를 마련해 가지고 거기에 해답도 마련을 해야 됩니다. 그러니까 대답 없는 질문과 질문 없는 대답이 평행선을 그으면서 한 15년을 지내니까 불행해지더라고요. 행복하지 않아요. 그래서 행복할 길이 어디 있는가 생각을 했는데, 누가 마침 그래요. 최완택 목사님이라고 생태 문제에 관심 있는 좀 선진적인 목사 한 분이 계시는데, 다락원에선가 그쪽에 모여서 이야기를 나누자 해서 갔습니다. 시골에서 온 양반들도 몇 분 계셨는데, 최완택 목사가 그래도 저를 대학 선생이라고 잘 소개했습니다.

그런데 거기에 있는 충청도에서 온, 시골에서 온 양반들이 강의 끝나니까 우르르 쫓아와 가지고 당신 대학 선생 맞냐?고, 그래서 어쩌다가 그렇게 됐다, 아인디? 똥 푸다가 온 사람인디?(웃음) 이렇게 이야기를 해요. 그때는 별로 기분이 좋지 않더라고요. 제 얼굴에 똥 묻은 것 같기도 하고, 그래서 나중에 제가 거울을 봤어요. 진짜 맞더라고요. 똥 푸다 온 놈 모습이더라고요. 그것이 두고두고 기억에 나는 겁니다. 그래서 사람은 지 팔자 못 버린다, 내가 이렇게 이층에서 떨어진 메주처럼 생기고, 굼벵이가 파먹은 고구마처럼 생겼는데 행복하지도 않는 터에 농사지으러 가자, 이렇게 생각을 하고 농사지으러 간다고 주변에 이야기를 했습니다. 그런데 저보다 나이 많은 사람이나 동료나 제자들이 내가 농사지으러 간다면 손에 장을 지진다는 겁니다. 가당찮은 생각하지 말고 애들이나 제대로 가르치라고 이야기를 하는 겁니다.

그때 제가 95년도에 그러니까 전에도 한번 서울대 철학과 학생들한테 고대 철학을 강의하고 있었지만, 대학원생들한테 '존재론' 강의를 한번 해 보고 싶다는 생각이 들었습니다. 그래서 교환 교수 신청을 했는데, 서울대에서 받아들여 가지고, 대학원 석·박사 과정을 밟는 학생들한테 존재론 강의를 1년 동안 했습니다. 존재론 강의를 하는데 1주일에 한 강좌만 하면 되는 겁니다. 그리고 그것을 하루에 몰아서 할 수 있습니다. 세 시간 몰아서 하고 나머지 시간에 변산에서 농사를 짓기 시작했는데, 1년 동안 해 보니까 병행을 할 수 있는 직업이 아닙디다. 대학 선생과 농사짓는 일을 병행할 수가 없었어요. 어느 길을 선택할까 생각을 했는데, 농사짓는 게 나한테 몸에 맞다 이렇게 생각을 해 가지고 96년도에 사표를 제출하고, 1월부터 농사를 짓기 시작했습니다.

진정한 만남은 밥통을 통해서

저는 거시경제학, 정치경제학 같은 것에 한때 빠지고 《자본론》도 줄을 그어 가며 열심히 읽었던 적도 있었습니다. 그리고 생산력과 생산관계에 대한 이론을 흔들리지 않는 지혜로 받아들인 적이 있습니다. 그런데 그걸 재검토해야겠다는 생각을 10년 남짓 농사지으면서 하게 되었습니다.

생산력이 발달하게 되면 거기에 따른 생산관계가 바뀌게 되고, 생산력의 무한한 발달에 따라서 무한히 다양해지는, 그리고 커지는 욕망을 무한히 충족시킬 수 있다는 이론은 아마 18세기, 19세기 생산력 수준에서는 맞았을지 모릅니다. 그렇지만 지금 이 지구라는 한정된 생태 환경이 그것을 뒷받침해 줄 수가 없다, 그리고 물질적인 에너지를 거의 100퍼센트 이용해서 생산력을 발전시키는 이러한 삶의 체제 아래서 아무리 온전하게 살고자 하는 생명체도 버틸 재간이 없다, 그 생각을 하고 또 한편으로는 이런 생각을 했습니다.

도시 사람들이 생산해 내는 생산물의 내용이 무어냐? 최루탄도 생산하고, 원자폭탄도 생산하고, 생물학적인 무기도 생산하는데, 이것도 생산력의 발달이라고 할 수 있느냐, 그리고 그런 일에 종사하는 사람도 자기 실현을 위한 노동을 한다고 할 수 있느냐? 아니라는 생각이 들었어요. 물질 에너지를 통해서 자기 삶의 질을 향상시키려는 모든 시도는 나중에 비극으로 끝나게 돼 있다는 생각이 점점 강해지는 겁니다.

자연이라는 게 대단히 엄중한 데가 있습니다. 볍씨를 한 알 뿌리면 수천 개가 열립니다. 이거 사람의 힘으로 하는 거 아니거든요. 사람은 씨 뿌리고 김매고, 거두는 것만 합니다. 농사를 짓고 있으면, 자연이 철 따라서 가끔 질문을 합니다. 봄철, 여름철, 가을철, 철 따라서 한 번씩 은 꼭 자연이 사람한테 질문을 합니다. 씨 뿌릴 때 됐거든? 너 지금 씨 뿌릴래? 굶어 죽을래? 그때 놓치면 싹이 안 트니까, 뿌려야 합니다. 그 다음에 막 풀도 같이 자랍니다. 너 이 김 매 줄래? 굶어 죽을래? 김 안 매 주면 녹아 버립니다. 곡식은 사람 손에 길들여져 억센 잡초들한테 못 이겨 냅니다. 그래서 김을 매 주어야 합니다. 가을에는 곡식 거둘 때 안 거두어 주면 썩어 버리잖아요. 혹은 낱알을 붙들어 매고 있는 귀가 우수수 떨어져 버립니다. 지금 거둘래? 굶어 죽을래? 꼭 한 차례, 한 번씩은 질문을 합니다. 안 죽을려면 따라야지요. 자연이 추상 같다는 말 들었지요? '가을철'이 너는 내가 아끼는 풀이고, 내 마음에 드니까 너는 살려 줄게, 넌 마음에 안 드니까 너 죽일 거야 해 가지고 골라서 풀을 말리지 않거든요. 한 번 서리 내리면 다 말리거든요. 그래서 '가 을 서리'를 한자로 추상秋霜이라고 합니다. 그렇지만 자연의 명령에 잘 따르고, 자연이 하는 통제에 잘 따르게 되면 살아남을 수 있는 길이 열 립니다.

생명의 시간은 자연의 시간과 인간의 시간으로 나뉘게 되는데 자연 의 시간 속에서 우리는 다른 생명체와 끊임없이 교섭을 하면서 밥통을 통해서 만납니다. 자연 속에서 다른 생명체와 만나는 길은 밥통을 거치게 됩니다. 밥통 속에서 만나는 겁니다. 먹고 먹히는 것, 그러니까 생체보시를 우리가 아침 점심 저녁으로, 우리가 음식을 먹을 때 다른 생명들의 생체 보시를 받는 것입니다. 자기 목숨을 바쳐서 우리를 먹여 살리는 것입니다. 이것이 먹이사슬이라고도 하고, 여러 말로 불려지기도 하지만 이 '만남'이라는 것이 그렇게 엄중합니다.

인간의 시간은 도시에서 특히 시계로 특정되는, 하루 24시간, 1시간 60분, 1분 60초 이렇게 재어지는 시간은 내용이 하나도 없습니다. 텅빈 시간입니다. 자연의 시간은 순간순간 하나도 같은 게 없습니다. 봄여름 가을 겨울 시골에서 농사를 짓다 보면 순간순간 다 다릅니다. 제가 13년 동안 농사를 짓고 있는데 하루도 같은 일을, 한순간도 같은 일을 해 본 기억이 없습니다. 늘 다릅니다. 그렇게 질적으로 꽉 차 있고, 그 질의 변화가 다양하고 실제로 변화무쌍한 시간인데, 도시에서 인간들이 만들어 낸 인간의 시간은 텅 빈 시간입니다. 질적인 차이가 없는 것을 가정하는 겁니다. 겨울이나 여름이나 아침 9시에 출근해서 저녁 6시에 퇴근한다. 점심시간은 배가 부르나 고프나 12시부터 1시간까지다. 뭐 이렇게 해 가지고 전부 통제를 하는데, 실제로 이것은 유치원 다닐 때, 요즘에는 애들이 걸음마를 하고 말을 배우기 시작한 때부터 통제가 들어가는 겁니다.

생명체의 본질은 자율성입니다. 제가 늘 이야기하지만 길섶에서 돋

아나는 강아지 풀 하나라도 누가 언제 싹트라고, 누가 언제 꽃피라고, 누가 언제 열매 맺으라고 하지 않습니다. 통제하지 않습니다. 스스로 알아서 합니다. 스스로 알아서 자기가 싹트고, 자기가 꽃 피우고, 자기가 열매 맺고, 자기가 씨앗 떨어뜨리고, 또 다음을 기약하게 됩니다.

어떤 사람은 생명체 가운데서도 아주 대단히 고귀해서 인간만이, 사람이 희망이라든지 인간만이 모든 생명체의 삶을 책임진다든지 이런 식으로 이야기하는데 그렇지 않습니다.

도시에서 인간의 관계만으로 모든 삶의 문제를 해결할 수 있다고 믿는 현대 도시인들이 무기물에서 유기물을 만들어 낼 수 있는 재주를 지니고 있습니까? 나무나 풀처럼 그런 재주를 지니고 있습니까? 혹은 컴퓨터칩이나 시멘트 가루를 자기가 소화해서 살 수 있는 길이 있습니까? 누군가가 밥상에 유기물로 된 음식물을 올려야 합니다. 곡식 농사도 지어야 되고, 바다에 나가서 고기를 건져 올리거나 짐승을 키우거나 해서 그거를 밥상에 올려야 합니다. 이렇게 다른 사람이 자기 밥상에 끼니때마다 생체 보시를 하도록 공손하게 자기는 안 먹고 좋은 것, 맛있는 것을 다 올리는데, 도시에 사는 대부분의 사람들은 무엇을 하고 있습니까? 우리한테 베풀어 주는 게 무엇입니까? 이렇게 질문을 하게 될 때 우리도 당신들을 위해서 이렇게 일하고 있소, 이렇게 대답할 사람은 많지 않습니다. 그리고 점점 더 드물어집니다.

지금은 사라졌지만, 소비에트가 뭡니까? 병사, 농민, 노동자들의 연대 아닙니까? 그렇죠? 그런데 당시 러시아에서 병사들은 다 어디에서 누가 병사로 지원했습니까? 대부분 농민들입니다. 농민의 자제들이 병사가 되었습니다. 입으로 노농 연대를 아직도 이야기하는 사람들이 있습니다. 그건 제가 보기에는 아닙니다. 노농 연대를 진정으로 이루고 싶어하는 사람들은 지금 없습니다.

노농 연대의 힘이 얼마나 크냐 하면 이렇습니다. 파업 기금 산더미처럼 쌓아 놓아도 파업 제대로 못합니다. 지금 현대중공업노조라든지, 전교조라든지, 금융노련 같은 데 돈이 쌓여 있습니다. 그걸 가난한 농민들과 연대하기 위해서 쓰는 경우를 저는 한 번도 보지 못했습니다. 무슨 이야기냐 하면 이렇습니다. 지금 농민들은 이 사회에서 가장 밑바닥입니다. 도시에서, 청소부 미화원이라고 그러죠? 청소부 자리만 나도 두말없이 올라와 버립니다. 뭘 해도 자식 교육을 고등학교까지 시켜야 하니까요.

밑바닥 중에 밑바닥에 농민이 있는데, 그 농민들이 길러서 가꾸는 것 가운데 도시에서 의식이 있고 무슨 유기농 식품을 먹는 사람들도 규격화된 것, 반듯한 오이, 일정한 굵기의 양파나 감자 이것만 먹지 요렇게 작은 거, 혹은 가랑이가 갈라진 무 같은 것, 그리고 결구가 들지 않는 속이 허옇지 않고 퍼래서 떡 벌어진 배추는 거들떠도 안 봅니다. 유기농으로 농사를 지은 것도 그렇습니다. 하다 못해 한살림에서 의식 있게 건강한 식품을 보급한다는 사람들도 마찬가지입니다.

그런데 보십시오. '자, 싸워라. 싸우다가 떨려 나면 우리 같이 농사지어서 먹고살자. 그리고 양식 보내 줄 수 있다. 사람이 뭘 먹고 사냐, 곡식 먹고 나물 먹고 사는 거지, 컴퓨터 먹고 사는 것 아니다. 의식주 문제는 염려 말고 싸워라.' 이러면 힘이 붙습니다. 제대로 된 싸움을 할 수 있습니다. 그런데 싸우다가 당장 직장에서 떨려 나고 아무도 돌봐 주는 사람이 없다면 어떻게 제대로 싸울 수 있겠습니까?

진정한 연대는 생명 연대입니다. 베르그송이 그 이야기를 했지요. '먼저 살고 볼 일이요. 철학하는 것은 그 다음이다.' 라틴어로 어느 책에 베르그송이 쓴 첫머리에 있습니다. 저는 제가 15년 동안 철학을 한다고 생각했습니다. 그리고 아이들한테 철학을 가르친다고 생각했습니다. 그런데 어림없는 생각이었습니다. 사람도 생명체니까 살아남으려면 스스로 제 앞가림을 할 수 있어야 한다, 그 힘을 길러야 한다, 그러나 스스로 제 앞가림을 하더라도, 혼자서 옷 만들고 집 짓고 뭐 북치고 장구 치고 다할 수 없습니다. 서로 도와서 일을 해야 살아남을 수 있습니다. 그러려면 더불어 사는 힘도 길러야죠.

생명 창고의 열쇠는 농민의 손에 들려 있다

교육은 스스로 제 힘으로 살아남는 힘을 길러 주고 더불어 살 수 있는 힘을 길러 주면 그것으로 끝입니다. 교육의 목표는 끝납니다. 스스로 제 앞가림을 하고 더불어 살 수 있는 힘을 갖지 못하는 생명체는 사람 모습만 하고 있지요. 참된 생명체로서 사람이라고 할 수 없습니다. 그런데 그런 생각을 못합니다. 도시에서 자기들끼리 이상한 학문 사투리, 운동권 사투리 주고받으면서, 자기 도취에 빠져 가지고, 연대할 생각을 제대로 하지 않습니다. 맨 밑바닥에서 밑바닥 사람과 함께 손잡을 생각을 하지 않습니다.

저는 우리 마을에서 아직 젊습니다. 아주 젊은 사람 중에 속합니다. 7, 80대 노인들이 대부분입니다. 사실 그 노인네들이 근력이 있습니까? 뭐가 있습니까? 근력이 없으니까 김도 못 맵니다. 그래서 그라목손 같은 땅에 치명적인 해가 있는 농약을 뿌려 가지고, 땅도 죽이고 그 사이에 자기도 모르게 병들어 죽어 가고 있습니다. 그 한 분한테 열 명이 매달려 있습니다. 도시의 멀쩡한 것들이. 젊은 것들이. 그 등 타고 '우리에게 먹을 것을 다오' 하면서 아무런 반성도 없이, 미안한 생각도 없이 그냥 어디에서 그 식량이 오는지도 모르고 그렇게 합니다.

제가 늘 되풀이하는데 윤봉길 의사, 테러리스트로 알려져 있죠. 일제시대, 김구 선생 밑에서 테러 수업을 받은 테러리스트로만 알고 있는데, 그 양반 충청도에서 농민의 자식으로 농사지으면서 농민의 아이들을 의식화시키신 분입니다. 그 분이 농민들 교재로 쓴 〈농민독본〉을 보면 '농민은 인류의 생명 창고를 지키는 열쇠를 쥐고 있는 사람이다' 라는 글이 있습니다. 생명 창고의 열쇠가 농민의 손에 들려져 있다는 것입니다. 그 이야기를 하면서 '어느 날 우리 조선이 상공업의 나라로 바뀔지라도 이 세상 어딘가에는 그 생명의 열쇠를 지니고 있는 사람이 있을 것이다' 하고 이야기합니다. 대단한 통찰력입니다.

조선은, 이미 우리나라는 상공업의 나라로 바뀌어 가지고, 식량자급률이 사실은 25퍼센트 안팎밖에 안 됩니다. 잡곡 자급률은 5퍼센트도 채 되지 않습니다. 아끼고 아껴서 우리가 오래오래 씹고 적게 먹어 가지고 식량 자원을 아끼더라도, 이 상태로는 물질에너지 체계에 교란이 생기고, 배로 양식을 실어올 수 없어서 외국에서 양식이 오지 않게 될 때에는 열에 두셋은 굶어 죽게 되어 있습니다. 그런데도 그런 자각이 없습니다. 그리고 굶어 죽을 날이 머지 않았다는 생각도 하지 않습니다. 머지 않았습니다. 이 노인네들 다 돌아가시고 난 뒤에 도시에서 아무도 나서서 그 뒤를 이어서 농사짓겠다고 생각하지 않으면…….

식량이라는 무기가 가장 큰 무기입니다. 사흘 굶어서 담 안 넘는 사람 없다고 식량 자원을 움켜쥔 자들이 '니네들 굶어 죽을래, 내 말 들을래?' 하면 꼼짝할 수 없습니다. 자기는 굶어 죽을 각오를 하더라도 처자식 굶겨 죽일 수는 없습니다. 그러니까 무릎 꿇을 수밖에 없습니다. 우리가 자율성, 독립 하지만, 자급자족이 없는 자율성은 없습니다. 그리고 자주 독립도 없습니다.

제가 열을 올려서 썰렁했지요? 사실은 재밌는 얘기를 많이 할려고 했는데, 그리고 제가 시시껄렁한 농담도 잘하는 사람인데 갑자기 여기에서니까 괜히 열받아서, 마치 모든 죄가 애꿎은 여러분들한테 있는 것처럼 얘기를 하게 되네요.(웃음) 조금 죄송합니다. 이런 자리 싫어서 대학 그만둔 거거든요. 입 놀리는 것보다는 몸 놀리는 게 좋고, 머리 쓰는 것보다는 마음 쓰는 것이 더 좋다고 생각을 해서 그만 뒀는데, 이렇게 두서없이 떠들어 댔습니다. 질문이 있으시면 질문을 받는 것으로 나머지 시간을 대신하겠습니다.

질문과 답변

청중 지금 말씀하신 것처럼 머리로 하는 게 아니고 마음으로 해야 되는데, 저희는 현장에서 책만 갖고 가르치다 보니까 그런 거 신경을 많이 못 쓰거든요. 그 부분에 대해서 얘기 좀 듣고 싶습니다.

윤구병 우리가 왜 노동운동을 하고 농민운동을 합니까? 좋은 세상 앞당기려고 그러는 것 아닙니까? 우리는 어떤 때 좋다고 하고 어떤 때 나쁘다고 합니까? 그 대답은 아주 단순합니다. 있을 것이 있고 없을 것이 없으면 좋은 것이고, 없을 것이 있거나 있을 것이 없으면 나쁜 겁니다.

우리 몸의 병, 없어야 할 것이죠. 있으면 나쁘죠. 배가 고프다, 음식, 있어야 할 것이죠. 그래서 좋은 것이죠. 착취, 전쟁, 증오,

이기심, 탐욕 이런 것은 세상이 좋아지는 데는 없애 버려야 할 것들이죠. 자유, 평등, 평화, 우애, 관용 이런 것들은 있어야 되는 것이죠? 있어야 할 것은 있게 만들고, 없어야 할 것을 없애는 것, 그것이 좋은 세상을 앞당기는 길인데, 이것이 우리 의식 속에서 나타날 때에는 '없애야 할 것이 있다.' 이거 없애자는 것은 비판 의식으로 나타나죠. 그리고 '있어야 할 것이 없다.' 이것은 만들어 내야 한다. 그러면 그것은 창조 의식으로 우리의 의식 속에 나타납니다.

비판 의식과 창조 의식은 실제로 우리 삶을 끌어가는 두 바퀴처럼 작용합니다. 그리고 이것이 실천으로 나타날 때에는 없어져야 할 것이 있으면 없애야죠. 그런데 이제 없애야 할 게 있는데, 거기에 기대서 살고 그것이 자기네 생존의 조건이 되는 사람한테는 '없애야 할 것을 없애자' 하더라도 그렇게 말하는 사람을 뭐라고 부릅니까? 파괴 분자라고 그러지요. 없애야 할 것은 과감히 없애야 하지 않습니까? 이렇게 없애야 할 뿐만 아니라 다른 한편으로 있어야 할 것은 우리가 땀흘려서 뭐를 하든 있게 만들어야죠. 그러니까 실천의 측면에서는 없애야 할 것을 없애는 파괴 행위와 있어야 할 것을 빚어 내는 창조 행위로, 건설 행위로 나타나는데 이렇게 의식과 실천이 일치되는 삶의 길을 어디에서 어떻게 찾아야 하는지가 우리가 당면한 과제라고 봅니

다. 어떻든 없애야 할 것이 있는데도 파괴가 싫다고 눈감는다고
해서 그것이 진정한 평화주의자는 아니라고 봅니다.

청중   선생님께 항상 궁금했던 것이 근대라는 것이 노동 투여나 노동
의 대가로서 획득된 사유권으로 생산량을 증대하고 효율성을 증
대하고……. 선생님께서 말씀하는 공동체는 무소유에 기반한 거
잖아요. 그런 무소유에서 발생하는 어떤 비효율성이라든지 하는
측면을 너무 낙관하시는 게 아닌가요.

윤구병   그 말 외우느라고 굉장히 힘들었을 겁니다. 저 학생이 고등학
교 3학년인데, 하는 말을 저는 알아듣지를 못합니다. 실제로 왜
자식을 교육시키고 여러분들을 어른들이 교육을 시킵니까? 뒤
를 이어가려고 그러는 거거든요. 자신은 일정한 나이가 되면 죽
어야 하니까 자기 뒤를 이을 사람들을 남기기 위해서 교육을 시
킨다는 말이지요. 그런데 하도 엉뚱한 교육을 시키다 보니까 지
금 저런 말들이 나옵니다.

효율성, 생산성 이런 말이 나오는데, 뭐가 효율성입니까? 곡식
하나 뿌려 가지고 수천 알 곡식이 생기는 게 가장 효율적이지요.
유기물이니까 그것은 나누지 않으면 창고에서 썩어 버리게 돼
요. 다른 사람들과 끊임없이 나눠 먹어야 돼요. 그런데 도시 사

람들이 좋아하는 그 돈, 이거는 무기물이고 유가증권의 형태로
된 무기물의 경우에는 동글뱅이 하나만 더 쳐 버리면 열 배나 가
치가 높아져 버리기 때문에 아주 조그만 상자에도 수십억, 수백
억, 수천억을 간직할 수 있어요. 그러니까 나누려고 안 해요. 소
수에게 꼭 집중돼요. 그러면서 그거를 신용 사회라고 그래요. 금
융 독점 자본주의 사회를⋯⋯.

　신용은 사람이 사람한테 부여하는 것이 아니에요. 돈이 신용을
좌우해요. 이게 사람이 사람답게 살 수 있는 세상이겠냐고요?
돈 없는 세상에서 살 수 있습니다. 우리가 제 힘으로도 살 수 있
습니다. 그리고 그것이 즐거운 삶입니다. 조금 불편하고 조금 가
난하게 살아서 쪼들리는 느낌이 있더라도 그게 행복한 삶입니
다. 지금 저는 농사짓고 사는데 어린 시절을 빼놓고 지난 13년이
제 삶에서 가장 행복한 시간들입니다. 지금까지도 그렇습니다.
제 얼굴 보면 행복해 보이지 않습니까? 몸 놀리고 계속해서 땀
흘리고 살아도 행복합니다. 어쩌겠습니까?

청중　《실험학교 이야기》하고 《잡초는 없다》는 책을 보고 변산공동
체에 가서 꼭 한 번 겪어 보고 싶다는 생각을 했습니다. 가서 해
볼 수 있는 기회가 있는지요?

윤구병　아, 있습니다. 3월부터 11월까지. 저희가 12월, 1월, 2월은 일이 없고. 더 큰 이유가 있습니다. 우리가 사는 방은 전부 구들이기 때문에 장작을 조금만 때도 방이 따뜻한데, 손님방은 장작 보일러라서 손님이 오면 그 방에도 불을 때 줘야 하는데, 그러면 저희가 고생 을 엄청 많이 합니다. 땔감 마련하려고. 그래서 겨울에는 손님을 안 받습니다. 12월, 1월, 2월을 빼놓고는 언제든지 그리고 대환영하는 계절은 한여름. 불 땔 필요도 전혀 없고, 노숙시키면서도 일 부려 먹을 수 있습니다.(웃음)